卡內基快樂學

HOW TO STOP WORRYING AND START LIVING

U0539396

成功學大師　戴爾·卡內基——著

周玉文——譯

野人

前序

不再被憂慮綁架，開創幸福無憂人生

一九〇九年，我是紐約市最不快樂的少年郎之一。當時我兜售卡車謀生，但根本不懂卡車為什麼能在路上跑，這還不打緊，更糟的是我一點都不想搞清楚。我討厭這份工作，也痛恨自己蝸居的簡陋住處——坐落在西五十六街的廉價小屋，沒幾樣家具，蟑螂倒是多得很。至今仍記憶猶新的是，我將一疊領帶掛在牆上，到了早上想拿出其中一條來戴，卻順勢抽出一支蟑螂大軍四下亂竄。我也討厭那些便宜又骯髒的餐館，那些破爛小吃店很可能也是蟑螂窩。

每晚，我都帶著源自失望、憂慮、苦澀的惱人頭痛，回到孤零零的小屋。我滿心怨懟，因為大學期間孕育的美夢竟淪為噩夢。這就是我的人生嗎？這就是我心心念念想追求的遠大冒險事業嗎？難道我的人生意義就只剩這樣？做一份連自己都看不起的工作、住在蟑螂窩，三餐飯菜讓人倒足胃口，未來一點希望也沒有？……我在大學時期想望的未來，是悠哉讀幾本書，然後寫幾本自己夢寐以求的大作。

我知道，如果我拋開這份討厭的工作，其實一點損失也沒有，反而會獲得更多。我無心賺大錢，但很想過得多采多姿。簡單來說，我已經來到人生轉捩點，正如多數年輕人開展人生之際，總會來到必須做出關鍵抉擇的十字路口。所以，我做出我的決定，從此改變我的未來，讓自己往後的人生快樂、受益匪淺，遠超出我最不切實際的美好想像。

我的決定如下：丟掉這份我恨之入骨的工作。既然我曾經在密蘇里州沃倫斯堡的州立師範學院

（State Teachers College）念了四年講師課程，我決定到夜校傳授成人課程謀生，這樣白天我就有閒暇讀書、準備講課內容，還能寫寫小說和短篇故事。我想要「生來為寫，寫以為生」。

但我應該在成人夜校開什麼主題的課程？我回顧並評估自己大學時代的訓練，發現對我來說，能應用在商界與人生的公眾演說相關培訓與經驗，較具實用價值，也遠超過我在校四年所學總和。這是因為，這方面的訓練一掃我的羞怯和自卑，讓我有勇氣與把握和他人打交道；同時也讓我清楚看到，當一個人挺身而出表達觀點，更能彰顯他的領袖風範。

我同時向哥倫比亞大學（Columbia University）與紐約大學（New York University）申請職位，希望可以在夜校教授公眾演說。不過這兩所大學一致認為，沒有我提供協助也應付得來。

當時我很失望，現在反倒慶幸它們拒絕我。因為我後來在基督教青年會（YMGA）展開我的教書生涯，而且還得盡快繳出具體的教學成績單。這真是一大艱鉅挑戰！成人學員圖的是一張學校文憑和社會名望，根本就不想來上我的課，他們之所以願意上門只有一個理由——解決切身的煩惱。他們都想練就在商務會議上起身講幾句話的工夫，而不是一被點名就嚇得腿軟。業務員想要現學現賣登門拜訪難纏客戶的能力，不必再將整條街走三遍才能鼓足勇氣。他們都想展現泰然自若、自信十足的模樣，在事業上出人頭地，多賺點錢養家。由於這些學員採取分期付款繳納學費，一旦覺得毫無所獲，就會乾脆止付；我則是靠利潤分成，而非拿基本薪資，若想混口飯吃就得腳踏實地一點。

當時我覺得自己是在條件惡劣的情況下教學，但我明白，這是一場彌足珍貴的實戰訓練：我必須激勵我的學員、協助他們解決問題、設法讓每一期課程都激動到振奮人心——這樣他們才會願意繼續花錢上課。

這真是一項興奮又刺激的任務，我真的愛死它了。這些學員培養自信、升官加爵、調薪加給的速度之快，讓我震驚得目瞪口呆。這幾班學員的成功表現，遠遠超乎我最樂觀的期待。我開完三班後，原本拒絕支付我每晚五美元底薪的基督教青年會，大筆一揮，居然在一定比率的基礎上，另外支付我每晚三十美元。一開始我只開辦公眾演說課，但幾年後我觀察到，這些成年學員也需要培養贏得朋友、影響他人的能力。我遍尋不著一本合用的人際關係教科書，於是自己動筆。這本書並非依循尋常方式寫作，發想、演化的基礎全是來自這些成年學員的豐富經驗。我題名這本書為《卡內基教你跟誰都能做朋友》（*How to Win Friends and Influence People*，野人文化出版）。

由於我原先只是將這本書當作教科書，方便在成人學員的班級講課；加上更早之前我就出版過四本乏人問津的書籍，所以我沒料到這本竟會一炮而紅。當今所有讓人跌破眼鏡的作者之中，我或許算是其中之一。

好幾年就這樣過去了，我又觀察到成年人的另一項大問題，那就是**憂慮**。我的學員多數是商界人士，從高階主管、業務員、工程師到會計師都有：橫跨各個商務和專業領域，所有人都是各有各的麻煩！除此之外，我們班上還有身兼商界強人與家庭主婦的女學員，她們一樣有自己的煩惱。顯然我需要一本探討如何克服煩憂的教科書，所以我又再次到處獵書。

我走進紐約市第五大道和四十二街交叉口那座宏偉壯觀的公共圖書館，出乎意料地發現，在這座圖書館中，書名涵蓋「憂慮」的作品僅二十二本；也有點啼笑皆非地發現，書名涵蓋「蟲」的作品竟然有一百八十九本，幾乎是「憂慮」的九倍！真是讓人下巴都要掉下來了，是不是？「憂慮」是人類面對的重大課題之一，你理當會認為，每一所中學、大學都會開辦所謂「如何擺脫憂慮」的課程，不是嗎？但是，就算地球上真的有任何一家大學開辦這種課程，我也從未耳聞。難怪美國心理學權威大衛・西伯里（David Seabury）在他的著作《與焦慮共處》（*How to Worry Successfully*）中這麼寫：「我們幾乎完全沒有做好應付壓力的準備，就這麼長大成人了，好似書呆子硬被推上舞台跳一曲芭蕾舞。」

結果如何？醫院裡一半以上的病床都被各種神經、情緒出狀況的患者占據。

我遍覽紐約公共圖書館架上二十二本探究「憂慮」的藏書，此外，我也買下所有坊間找得到的相關書籍，卻依舊無法找出一本適合當作教材的作品。所以我再度決定自己動手寫。

七年前，我就開始準備動筆寫這本書。我遍覽古今賢哲談論憂慮的相關書籍，拜讀幾百本人物傳記，範圍從中國春秋時代思想家孔子到英國首相溫斯頓．邱吉爾（Winston Churchill）等人；而我也採訪各行各業的多位菁英，這些人包括：

美國拳王傑克．鄧普西（Jack Dempsey）

二戰時代美國五星上將歐馬爾．布萊利（General Omar Bradley）

二戰時代美國四星將軍馬克．克拉克（General Mark Clark）

汽車大王亨利．福特（Henry Ford）

美國前第一夫人艾蓮諾．羅斯福（Eleanor Roosevelt）

美國專欄作家桃樂絲．迪克斯（Dorothy Dix）

但這些都還只是起頭階段的工作。

我也進行了許多遠比採訪和閱讀更重要的前置工作。我為一家研究如何克服憂慮的實驗室工作五年，主要是直接在成人課堂上進行實驗。據我所知，我們這類實驗創舉堪稱全球第一、舉世無雙。我們的實驗如此進行：提供學員一套停止憂慮的法則，要求他們應用在日常生活中，然後回到課堂與其他學員分享自身的收穫；同時，也請他們回報過去派上用場的技巧。

結果是，我集結眾人經驗，據此推定自己聽過「我如何戰勝憂慮」這道話題的次數，遠多於全世界任何人；此外，我讀過訴說「我如何戰勝憂慮」的信件、聽過全球各地培訓班票選得獎「我如何戰勝憂慮」的談話，總共不下幾百份。因此，這本書不是我在象牙塔裡自己幻想出來的產物，也不是關於如何停止憂慮的學術布道書；反之，我試圖寫出一本節奏明快、鞭辟入裡、資料翔實的報告，分享幾千名成人有效克服憂慮的心法。有一點毫無疑問：這本書是實用寶典。

法國哲學家保羅・梵樂希（Paul Valéry）曾說：「科學，是成功配方的集合體。」這句話道盡這本書的本質：集結各種擺脫焦慮生活、禁得起時間考驗的配方集合體。然而，容我提醒在先：你不會在書中讀到任何新意，但可以找到許多尚未普遍應用的做法。就此而言，你我其實無須他人傳授任何新知識，因為我們都學得夠多，足以過著完美理想的生活。我們都讀過所有的黃金法則與耶穌講道的《登山寶訓》（*Sermon on the Mount*），但我們的問題不在於無知，而是無所作為。因此，本書的宗旨就是加以陳述、闡釋、梳理、改良並發揚古老且基本的真理，敦促你採取行動，將之應用於生活。

你買下這本書不是為了拆解寫作架構，而是想要尋求行動心法。沒問題，那我們就即知即行。務請先閱讀本書的第一部與第二部，要是讀完後依然沒有感受到重獲嶄新力量與靈感，讓你足以停止憂慮、享受人生，那就馬上丟掉這本書吧，因為它對你毫無用處。

戴爾・卡內基，一九四八年

汲取本書精華的九大祕訣

祕訣一、培養決心

倘若你希望盡可能從本書獲得最多精華，必須具備一種不可或缺的心態，這遠比其他準則或技巧更為重要。你必須具備一股迫不及待的學習欲望，否則再深入研究也沒用。要是你擁有這項基本才能，無須閱讀這九項祕訣，便能從本書汲取最大幫助。

這項神奇的基本心態，就是**一股深沉而強烈的學習渴望，以及克服憂慮、享受人生的強烈決心**。

如何培養這股熱切渴望？請時時刻刻自我提醒消除憂慮的法則對你有多麼重要。請為自己描繪一幅景象：一旦掌握箇中精髓，這些法則將能協助你過上更富裕、更快樂的人生；請一遍又一遍地對自己說：「**只要我時時活用消除憂慮的法則，內心的平安、喜樂、健康，甚至收入都可能大幅增加。**」

祕訣二、先略讀，再詳讀

翻開新章時，請先迅速瀏覽，大致掌握其中概念。你可能會急著想翻開下一章，但除非只為打發時間，否則請別這麼做。如果你想克服憂慮、享受人生，**請翻回開頭，逐字逐句重新細讀**，這才是省時間、有收穫的做法。

祕訣三、反覆思考

閱讀本書時，不妨時時暫停，反思所讀內容，自問應在何時、何地活用書中每一道建議。這種閱讀方式將比獵狗逐兔似的暴衝式讀法更有幫助。

祕訣四、勤做筆記

閱讀時請準備一枝筆，色筆、鉛筆或原子筆都可以，一旦讀到認為對自己有用的建議就劃線。如果某項建議格外重要，請將每一句話都劃重點，或是在旁註記。**在書上劃重點、做記號，不但可以增加閱讀樂趣，也更容易快速溫習**。

祕訣五、隨時複習

我認識一名在保險業服務十五年的女性經理，她每個月都會重讀一遍公司開立的所有保險合約。沒錯，就是月復一月、年復一年地重複閱讀同一批合約。何以如此？因為經驗告訴她，這樣才能清楚將條文記在心上。

我曾經花費近兩年撰寫一本公眾演說的專書，但我發現，自己時不時就得回頭檢視內容，這樣才能記住自己曾經寫過什麼。我們健忘的速度之快，真是讓人瞠目結舌。

因此，如果你想從本書擷取貨真價實、歷久不衰的好方法，千萬別奢望草草瀏覽一遍就夠。當你逐字逐句細讀完一遍後，往後每個月都應該再花幾個小時溫習故知。**請將本書放在桌上，三不五時就拿起來翻閱幾頁，持續加深印象，才能從中找到更多自我改進的機會**。請謹記，唯獨持之以恆、主動積極溫習並活用這些原則，它們才可能變成熟練自然的日常習慣。別無他法。

祕訣六、付諸實行

英國劇作家蕭伯納（George Bernard Shaw）曾言：「如果你主動教導一個人所有事情，那麼他永遠不會自主學習。」一真是一針見血。學習是主動的過程，我們都在做中學。所以，要是你渴望精熟自己在本書所學到的所有法則，請起身付諸行動，抓住活用這些法則的所有機會。要是你疏於實踐，兩三天就會忘得一乾二淨。知識唯有活用，才能長存腦海中。

你可能會發現，想要隨時應用這些法則並不容易，這點我很清楚。儘管我寫了這本書，但也經常感覺到，要活用其中所有的理念相當困難。因此，閱讀本書時請謹記在心，**你不只是試圖獲取新知，更是試圖養成全新習慣**。是的，你正試圖形塑全新的生活方式，需要大量的時間、毅力，以及日常實踐。

為此，請時常翻閱本書，視它為擺脫憂慮的工作手冊。每當你在實踐過程中遇到困難，請別灰心喪氣，也不要屈服於衝動，這麼做通常只會造成反效果；反之，請回頭翻開本書，回顧你曾經標記的段落，然後試用全新方法，看看它們能在你身上施展什麼神奇魔法。

祕訣七、尋找夥伴

請你的親友擔任監督夥伴，一旦他們逮到你違反本書提倡的法則，就獎賞對方獎金。

小心，你很可能會破產！

祕訣八、時常自省

請翻開本書第二十二章，熟讀華爾街銀行家H．P．哈威爾（H. P. Howell）與政治家班傑明．富蘭克林（Benjamin Franklin）如何修正自身錯誤，並運用他們的自省技巧，檢查自己應用本書法則的成果。

你若能付諸實行，便能夠得到兩個收穫：

第一、你會發現自身正沉浸在有趣又珍貴的學習過程中。

第二、你會發現自己克服憂慮、享受人生的能力開始提升，就像青翠的綠樹開始綻放花朵。

祕訣九、記錄成功經驗

常保寫日記的習慣，記錄自己成功活用本書法則的過程。務請鉅細靡遺，好比人名、日期及結果都要完整。保留這類紀錄會激勵你更加努力，而且多年後當你不經意回顧，一定會覺得興味盎然！

若想汲取本書精華、開展快樂人生，請這麼做：

祕訣1 培養決心：培養一股深沉、強烈的學習渴望，以精熟擺脫憂慮的所有法則。

祕訣2 先略讀，再詳讀：每一章都讀過兩遍，先略讀、再細讀，然後才閱讀下一章。

祕訣3 反覆思考：閱讀時，請不時暫停一下，自問將如何活用每一道建議。

祕訣4 勤做筆記：畫線強調每一道重要的建議。

祕訣5 隨時複習：每個月都重溫本書。

祕訣6 付諸實行：抓住活用這些法則的所有機會。視本書為工作手冊，協助自己解決日常生活問題。

祕訣7 尋找夥伴：將你的學習之旅化為一場遊戲，一旦親友逮到你違反任何一項法則，就獎賞對方獎金。

祕訣8 時常自省：每週定期檢查自己進步的幅度，自問是否犯下什麼錯誤、如何改善，學到什麼未來應該避免的教訓。

祕訣9 記錄成功經驗：保持寫日記的習慣，記錄自己在何時、何地成功應用所學法則。

目錄

PART 1
關於憂慮，你不可不知的三大真相

PART 2 精準拆解憂慮的兩個關鍵技巧

PART 3 打破負面思考的六大祕訣

PART 4

厚植內在力量的八堂必修課

PART 5

面對批評不傷身的三大法則

PART 6

終結內耗人生的六大策略

PART 1

關於憂慮，你不可不知的三大真相

Fundamental Facts You Should Know About Worry

生活中的擔憂是不可避免的，想要克服憂慮，必須先了解其本質。
若你想要找回內心的平靜，請務必拋開昨天和明天，專注生活在「完全獨立的今天」，一次只做一件事；當壞事發生時，請善用解除憂慮的神奇三步驟：「設想最糟情況→坦然接受→思考改善對策」，將煩惱轉化為行動，成功扭轉劣勢，找到最佳方法解除危機！

CHAPTER 1

專注生活在「完全獨立的今天」

在我的生活中，一向充滿可怕的不幸，但大部分從未發生。

——法國哲學家蒙田（Michel de Montaigne）

為未來做準備的最佳方法，就是善盡今日之事

一八七一年春天，一名年輕人拿起一本書，讀到一段深深影響前途的受用箴言。當時這名蒙特婁綜合醫院醫學系學生心中滿是煩憂：如何通過期末考、未來要做什麼、往哪裡去、如何執業、如何謀生。

那段箴言協助他一舉成為當代最知名的內科醫師。他創建舉世聞名的美國約翰·霍普金斯醫學院（Johns Hopkins School of Medicine），並成為英國牛津大學醫學院欽定教授，這是大英帝國杏壇人士所能得到的最高榮譽；他還受封為英格蘭爵士。在他去世後，兩本記述其生平事蹟的書洋洋灑灑寫了一千四百六十六頁。

這名醫學生是威廉・奧斯勒爵士（Sir William Osler）。一八七一年春天，他所讀到的箴言如下：**「我們的首要之務不是遙望模糊的遠方，而是完成手上具體之事。」**語出英國思想家湯瑪士・卡萊爾（Thomas Carlyle），這句話幫助他開創免於憂慮的人生。

四十二年後一個輕柔春夜，奧斯勒爵士來到鬱金香盛開的耶魯大學校園演講。他對台下的學生說，他曾在四所大學任教，也出版過一本暢銷書，看似擁有「天賦異稟的頭腦」，實則不然。他自承，許多好友都知道他的腦筋「再普通不過了」。

那麼，奧斯勒爵士的成功之祕為何？他歸功於自己懂得專注生活在「完全獨立的今天」。這句話是什麼意思？到耶魯演講幾個月前，他曾經搭乘一艘龐大的郵輪橫渡大西洋，期間目睹船長站在駕駛台，僅是按下一個按鍵，大船就在一陣機器運轉聲後自動分隔出好幾個防水隔艙。奧斯勒爵士對在座的學生說：「現在，你們每一個人，都遠比那艘大郵輪更了不起，即將踏上更為遙遠的旅途。我能奉勸各位的忠言就是，你們也應該像船長一樣學會掌控一切，以便活在『完全獨立的今天』，這是確保航程安全最萬無一失的做法。你一站上駕駛台，就會看到那些巨大隔艙都各有用處。你要按下按鍵，側耳傾聽，留意生活中的每一個面向，先啟動鐵門，關上回顧已逝過往的通道，再截斷另一邊通往不可知未來的道路。這樣一來你就安全了，這一天就安全了！……截斷過往！埋葬已經逝去的過往……關閉會把愚人引上死亡之路的昨天……**今日若要扛著明日的重擔，一邊還要承受昨日的重擔，將成為最大的障礙**。把未來緊緊拴在門外，一如切割過去……未來就是今天……從來就沒有所謂的明天。人類的救贖之日就是今天。浪費精力、精神苦悶、內心煩憂都會如影隨形跟著擔憂未來的人……那麼，不妨就截斷前後的船艙吧，準備培養良好的生活習慣，活在『完全獨立的今天』。」

奧斯勒爵士的意思是，我們不應該浪費心神為明天做準備嗎？當然不是，絕對不是這個意思。但他確實在那一場講演中闡述了為明天做準備的最佳方法，那就是集結自身所有的智慧、所有的熱忱，善盡今日之事。這就是為明天做準備最妥善之道。

正確思考能解決問題，錯誤思考則導向崩潰

多年前，有個一文不名的哲學家流浪到寸草難生的鄉村，當地謀生十分艱難。有一天，一群鄉民在山頂上圍著他聽講，他說出一段或許是有史以來最常被引用的睿智之語。這段演講僅有二十餘字，卻能亙古常存：「**不要煩憂明天，明天自有煩憂。一天的難處一天受就夠了。**」

很多人都不相信耶穌說的「不要煩憂明天」這句話。他們拒絕聽信這種遙不可及的理想說詞，視為神祕主義言論。他們會說：「我一定要考慮明天，我得為了家人做好保險規畫；我得存錢養老；我得為將來做好計畫、預作準備。」

沒錯，這一切當然都是必要之舉。事實上，現代版本的《聖經》更精準地轉譯耶穌這句話：「別為明日焦慮。」

無論如何都要為明天著想，沒錯，**小心謹慎地考慮、計畫與準備，但切勿焦慮**。

二戰期間，我們的軍隊領袖必須謀劃將來，但絕不能流露出絲毫焦慮。「我充分供應最優秀的將領最精良的裝備，」美國海軍上將恩尼斯特．金恩（Admiral Ernest J. King）說：「然後交辦他們看似最明智的任務。我所能做的僅此而已。」

「要是一條船已經滅頂，」他繼續說：「我無力撈回。但就算是即將下沉，其實我也擋不住。我

把時間花在解決明天的問題，總好過悔恨昨天的麻煩。況且，要是我任由這些事情糾纏不休，我肯定撐不久。」

無論戰時還是平時，正確思考與錯誤思考之間的區別就在於：**正確思考指的是衡諸前後因果，並歸納出有邏輯、具建設性的計畫；錯誤思考則是經常導向緊張和精神崩潰的下場**。

歐洲一名年輕士兵也學到同樣的一課，他的名字是泰德．班傑明諾（Ted Bengermino），住在美國馬里蘭州巴爾的摩市。他曾經憂慮到幾乎完全喪失鬥志。班傑明諾這麼寫道：

> 一九四五年四月，我煩惱無比，結果得了一種醫師稱為「痙攣性結腸炎」的毛病，肚子痛得要命。要是戰爭沒有在那段時間結束，我很確定，我的身體會先被擊垮。
>
> 當時的我身心俱疲。我主要的工作是條列並更新戰時殉職、受傷、失蹤與就醫的紀錄；同時也要協助挖掘在激戰中陣亡、被草率掩埋的聯軍與敵軍士兵屍體，把他們的遺物送還珍視這些個人物品的家人。我老是擔心會在處理過程中犯下嚴重的愚蠢錯誤，也擔心自己熬不過這段時間，更煩惱自己無法活著回家擁抱未曾見面的十六個月大幼子。我焦慮、疲累得無以復加，體重驟減十五公斤；我愁苦欲絕，幾乎就要發瘋。當我看著自己幾乎只剩皮包骨的雙手，再想到自己將以行屍走肉的模樣回到家鄉，心裡就怕得要命。然後我崩潰了，哭得像個小孩。我只要獨自一人，就經常哭到渾身發抖，幾乎要放棄恢復正常生活的一線希望。
>
> 最後，我被送進醫院。一名軍醫給了我幾句忠告，這番話徹底改變我的人生。完成身體檢查後，他告訴我，我的問題純粹源於精神層面。「泰德，」他說，「我希望你把生活想像成一只沙漏。如你所知，在沙漏上半部，有成千上萬顆沙粒緩慢而均勻地通過中間那條細縫。**除非破壞沙漏結構，否則**

無論是你或我，都無法硬是多塞一顆沙粒通過那道窄縫。你我和其他所有人就像是沙漏，每天一睜開眼就有許多任務等著我們盡快完成，但是我們只能逐一達成使命。要讓任務像沙粒一樣均勻地緩緩通過窄縫，否則我們肯定會搞壞自己的生理和心理健康。」

打從軍醫告訴我這段話，讓這一天成為某種紀念日以來，我就一直奉行「一次只放行一顆沙粒，一次只做一件事」這套哲學。這份忠告不僅在戰時拯救我的身心，至今仍有莫大幫助，讓我在目前擔任公共關係與廣告部門總監一職上游刃有餘。我發現，商場上也有在戰場上會遇到的類似問題：同一時間要完成好幾項任務，但時間都很有限。舉凡產品庫存水位過低、新訂單待處理、新貨待上架、地址變更、新店開張、關閉舊門市等，每天都有一大堆忙不完的工作。但我完全沒有慌亂不安，只是銘記軍醫「一次只放行一顆沙粒；一次只做一件事」的忠告，並在心中不斷重複默念，反而更有效率地完成工作，絲毫不再重陷當年在戰場上幾乎讓我崩潰的困惑與混亂感。

我們當今的生活方式中，最駭人聽聞的事實就是，**醫院裡半數以上床位都留給神經或精神出狀況的患者，他們都是被不斷累積的昨天、永遠擔心明天之重擔壓垮的人**。但這些人當中，多數只要能牢記耶穌所說「別為明日焦慮」或是奧斯勒爵士所說「生活在完全獨立的今天」，就能免於求醫問診，過著快樂、有益的生活。

「一天只過到入睡前」，就是人生的真諦

我們都在眨眼間站上兩種永恆的交會點：經年累月逝去的過往，與終將歸於寂然無聲的未來。哪怕只是一秒鐘，我們都不可能生活在任一種永恆之中，如果硬要勉強，最終只會自毀身心。因此，且讓我們滿足於生活在當下這一刻：即從現在起到入睡為止。「無論有多辛苦，任何人都能扛起自己的擔子，直到夜幕低垂；」英國小說家羅勃・史蒂文生（Robert Louis Stevenson）寫道，「無論有多辛苦，任何人都能完成自己當天應該做到的任務。**任何人都可以帶著耐性和愛意，過完甜美又單純的一天，直到夕陽西下。這就是生命的真諦。**」

沒錯，生活要求我們的回報也就是這些而已。不過，美國密西根州薩格諾市的席爾姿（E. K. Shields）夫人卻說，在她學到「每天只過到入睡前」的哲理之前，幾乎絕望得想要輕生。席爾姿夫人告訴我她的故事：

一九三七年，先生撒手人寰，我極度頹喪，而且幾乎一貧如洗。我勉強湊齊一筆錢，分期付款買下一輛二手車，重拾兜售套書的工作。

我原以為，重回職場或許可以幫助我擺脫頹喪，不過，老是一個人駕車上路、一個人用餐，我很快就撐不下去了。有些市場很難打進去，我連繳付小額車貸都很困難。

一九三八年春天，我到密蘇里州凡爾賽市做生意。當地學校很窮，鄉間道路又很難走；加上當時我形單影隻、倍感挫折，輕生的念頭突然浮現心頭。成功看似遙遙無期，我不知道自己為何而活。每天早上我都很害怕起床面對生活壓力。其實我什麼都怕：害怕付不出車貸和房租、害怕買不起食物、害怕健康出問題又沒有錢看醫生。唯一讓我沒有做出傻事的原因是姊姊將會因此痛不欲生，而我也沒有閒錢可以辦喪事。

有一天，我讀到一篇文章將我從絕望深淵中拉出來，也給了我勇氣好好過日子。我永遠衷心感激文章裡那句激勵人心的話語：「對智者來說，每一天都是新的一天。」我將這句話打字列印出來，貼在汽車的擋風玻璃上，這樣我每次開車上路就能時時刻刻看到它。我發現，一次只過好一天其實沒有那麼困難，也因此學會忘記過去、不想未來。每天早上我都對自己說：「今天是新的一天。」

我戰勝自己對孤單與渴望的恐懼。現在我過得很快樂，事業也算成功，而且對生命充滿了熱忱和愛。現在我知道，無論人生帶來什麼遭遇，我都不會害怕了，也不再恐懼未來將會如何，因為我知道自己可以一次只過好一天。沒錯，就是這句話：「對智者來說，每一天都是新的一天。」

若是學不會活在今天，就別奢望締造任何成就

猜猜以下詩文出自哪位作家之手：

快樂的人，孤獨卻快樂
他，為今天感到驕傲
內心祥和平靜，有理這麼說：
明天再糟都無所謂，
「因為我已經認真過好今天。」

這幾句詩文很有現代感，對嗎？但事實上它們出自古羅馬著名的詩人賀拉斯（Horace），時間是在西元前三十年。

就我所知，人性最可悲之處在於，**我們所有人都拖泥帶水，不願積極過生活；我們都奢望看到遠在天邊的奇花異草，卻視而不見今天在窗前盛開的玫瑰。**

我們怎麼會是這麼可悲的傻子呢？

「我們短短的生命歷程多麼奇妙，」加拿大經濟學家暨作家史帝芬・李科克（Stephen Leacock）曾寫道，「小孩子常說：『等我長大後。』然後呢？長大後的他會說：『等我變成大人後。』等他真的成為大人了，就改口說：『等我結婚後。』總算結婚了，最後又如何？他的說法會改成：『等我退休好了。』一旦退休之日到來，他回顧生平軌跡，便會突然感覺到一陣冷風拂過心頭，好似一切全都錯過了，隨風而逝。**我們總是太晚才學會，生活就是活在當下，就在每分、每秒、每日、每夜之中。**」

美國底特律市居民愛德華・艾文斯（Edward S. Evans）若非學會「生活就是活在當下，就在每分、每秒、每日、每夜之中」，可能早就自尋短見了。

愛德華・艾文斯從小家境貧苦，叫賣報紙賺進生平第一份薪水，然後轉做雜貨店員。由於家裡有七張嘴靠他賺錢過活，之後又換到圖書館當助理館員。儘管薪資微薄，他卻不敢撒手不做，直到八年後才終於鼓起勇氣開創自己的事業。不過，他一開始就做得有聲有色，把草創時期的五十五美元借款資金滾出一門年收兩萬美元的生意。哪知一個要命的決定讓一切付之一炬：他為一名朋友開的鉅額支票背書，但對方最後竟然破產了。屋漏偏逢連夜雨，他往來的銀行倒閉了，畢生存款人間蒸發。他不只落得身無分文，還背上一萬六千美元的債務。

他整個人都被擊垮了。「我吃不下、睡不著，」他告訴我，「開始生起怪病。整天除了煩憂，什麼事也做不成。」他接著說：「病因純粹是憂鬱過度。有一天，我莫名其妙地昏倒在路邊，此後再也無法下床行走。我被抬上床，躺得全身長滿爛瘡，而膿包更讓我連躺著都生不如死。我一天比一天虛弱，最後醫師告訴我，我只剩兩個星期可活了。我大受打擊，只好寫下遺囑，然後躺下來等死。既然現在連煩惱都無濟於事，我索性全都放手了，整個人放鬆下來，沉沉入睡。我已經好幾個星期無法一次入睡超過兩個小時，但現在什麼天大的麻煩都煙消雲散，我反而睡得像個小孩一樣香甜。結果那些讓我筋疲力盡的憂慮竟然日漸消失，連胃口都恢復了，體重也因此慢慢回升。幾個星期過後，我便可以拄著拐杖走路了。六個星期後，我就重返職場了。以前我做的是年收兩萬美元的生意，現在卻很開心可以做一份週薪三十美元的工作。我的工作是推銷一種特殊規格的磚石，在貨輪跨海運送汽車時，放在車胎後方以防滑動互撞。我學到人生的一課。不再為自己煩憂、不再為過去煩憂，也不害怕迎向未來。我傾盡所有時間、精力與熱忱，推銷這些特殊規格的磚石。」

愛德華・艾文斯的事業一飛沖天，短短幾年就坐上艾文斯產品公司（Evans Products Company）總裁大位，還在紐約證券交易所掛牌上市。要是你曾經搭飛機去過位在北美洲東北方的格陵蘭島，可能會降落在艾文斯機場（Evans Field），這座機場正是以他為名。不過，**要是他不曾學會生活在完全獨立的今天，就不可能奢望締造今日的成就**。

經典文學傳達的智慧，至今仍然受用不盡

還記得奇幻小說《愛麗絲夢遊仙境》（*Alice's Adventures in Wonderland*）中，白皇后說過：「規則是這樣的：明天有果醬、昨天有果醬，但今天絕對不能有果醬。」我們多數人也都是這樣，為了明天和昨天的果醬惴惴不安，卻忘了此刻要在手上的麵包塗抹一層厚厚的果醬。

就連偉大的法國哲學家蒙田也曾經犯過相同的錯誤。他說：「**在我的生活中，一向充滿可怕的不幸，但大部分從未發生。**」我的生活亦如是，你的生活亦如是。

義大利中世紀詩人但丁（Dante Alighieri）曾說：「不妨想想，今日一去不復返。」生命正以令人難以置信的飛快速度掠過，我們正與時空進行一場秒速三十公里的賽跑。今日就是最值得我們珍視的唯一時間。它是我們唯一確定的所有。

英國作家暨藝術評論家約翰・羅斯金（John Ruskin）則是在桌上置放一塊小石頭，上頭只刻著兩個字：「今天」。雖然我沒有這麼做，鏡面倒是貼了一首詩，在每天早上刮鬍子時都看上一眼。這是一首威廉・奧斯勒爵士常置桌上的詩句，出自知名印度戲劇家卡利達沙（Kalidasa）之手：

〈向黎明致敬〉

看著這一天！
因為它是生命，生命中的生命。

在它短短的路途上，
承載著你存在的所有變化與現實：
生長的至福，
行動的榮耀，
成就的輝煌。

因為昨天不過是一場夢，
而明天只是一道幻影，
但是活出極好的今天，
卻能使每一個昨天都是一場快樂的夢，
每一個明天都是充滿希望的幻景。

所以，好好看著這一天吧！
這就是你如何向黎明致敬。

因此，如果你想將憂慮逐出你的生活，請效法威廉．奧斯勒爵士的做法：**關上那道通往已逝過往、不可知未來的鐵門，生活在完全獨立的今天。**這就是關於憂慮，你必須知道的第一件事。

卡內基快樂學 01

放下對昨日與明日的擔憂，才能活出最精采的今天！

請自問以下問題，然後提筆寫下答案，檢視你的憂慮從何而來，又該如何改善：

- 我是否時常拖拖拉拉，不願活在當下，一味擔憂未來，或是奢望預見遠在天邊的事？
- 我是不是常常悔恨隨風而逝、早已塵埃落定的往事，讓今天過得痛苦又難受？
- 我早晨起床時是否下定決心「把握今天」，徹底善用二十四小時？
- 我能否遵循「生活在完全獨立的今天」法則，更加充分地享受人生？
- 我何時應該開始這麼做？下星期？明天？還是今天？

CHAPTER 2

克服憂慮的神奇三步驟

一個人心中有了那種接受最壞遭遇的準備，才能獲得真正的平靜。

——哲學作家林語堂《生活的藝術》

神奇解憂方程式，三步驟將憂慮化作清晰思考

你想要一個有效的方程式迅速搞定憂慮心境，而且此刻就可以付諸實踐，不用再往下讀半天就能學會的速成技巧嗎？

那麼，請容我向你介紹天賦異稟的工程師威利斯·開利（Willis H. Carrier）發明的這套方法。開利是現代空調系統之父，在紐約州雪城創辦了享譽全球的開利公司（Carrier corporation）。有次我與他共進午餐，席間他親口對我透露心法，可說是我畢生聽過最管用的消除憂慮技巧。開利先生分享：

年輕時，我在紐約州水牛城的公司服務，接到一項任務，得前往密蘇里州水晶城一座耗資百萬美

元打造的廠房安裝瓦斯清潔器。這次安裝作業目的是要清洗瓦斯管線裡的雜質，以免高溫運作燒壞引擎。這套清潔瓦斯的安裝方法很新穎，先前我才在別處試做過一次。不料在水晶城工作的期間，問題一一浮現，我只能勉強把工作做完，但其實沒有達到向客戶擔保的水準。

我很震驚自己竟然搞砸了，簡直就像有人對著我當頭棒喝。我的腸胃開始不舒服、五臟六腑翻湧，好一陣子夜不成眠。

最後，我的常識提醒我，老是憂慮也解決不了問題，所以我思考出一個搞定憂慮的辦法，結果證明超級有效。三十年來我都是採用同一招對付憂慮，方法很簡單，人人可試。這一招有三大步驟：

第一步，我坦然無懼、誠實無欺地分析情境，試想可能以失敗作結的最糟結局。可以肯定的是，我不會因此入獄或被槍決。沒錯，我很可能丟掉飯碗，老闆可能得拆除這套設備，損失已經投資的兩萬美元。

第二步，我想通可能發生的最糟結果以後，便要求自己，一旦有必要的話就甘於接受這個後果。我告訴自己：要是搞砸了，肯定會成為職涯一大汙點，很可能還會弄丟飯碗。但要是真的發生了，總是可以東山再起。情況很有可能更糟，但是就老闆所知，他也很清楚現階段我們正在實驗清潔瓦斯的新技術，要是這場實驗的結果是要公司付出兩萬美元的代價，倒也還撐得住。公司可以把這筆帳算在研究成本，畢竟它就是一場實驗。

我找出可能發生的最壞結果，並要求自己一旦有必要就甘於接受。最重要的是：我立刻鬆了一口氣，感受到一股連日來從未有過的平靜。

第三步，從那一刻起，我平靜地投入時間與精力，試圖改善自己心中已經坦然接受的最糟結果。

現在我試圖找出可能有助減輕兩萬美元損失的補救辦法，我做了幾次試驗後發現，要是我們再花五千美元另行添購設備，問題就能迎刃而解。於是我們就這麼做了。結果不僅沒讓公司損失兩萬美元，還倒賺一萬五千美元。

如果我從頭到尾只是憂心個沒完沒了，或許根本不可能走到這一步，因為憂心忡忡最大的壞處就是摧毀專注力。當我們擔憂時，心思會飄來飄去，無法定錨，所有的決策能力也都會消失。然而，要是我們強迫自己正視最糟的後果，並打從心底接受，就能摒除所有模糊不安的紛亂思緒，讓自己專注於解決問題。

我剛剛談到的這件事發生在許多年以前，自此以後我便一直奉行這套做法，效果顯著。如今，我的人生幾乎與憂慮無緣。

現在，若從心理學角度分析，為什麼威利斯．開利的神奇方程式如此珍貴且實用？因為我們會被憂慮蒙蔽雙眼，困在烏雲滿布的空中盲目摸索，這套方法卻能將我們猛力拽下地來，讓雙腳穩穩踏在平坦、堅實的地面上，因此知道自己立足何處。**要是我們無法腳踏實地，又如何能奢望進行創造性思考，徹底解決問題？**

美國心理學之父威廉．詹姆斯（William James）在一九一〇年辭世，倘若他至今仍活在世上，有機會聽到這個面對困境的神奇方程式，應該會由衷讚賞。因為他曾對學生說：「要主動接受既定事實……要樂意接受既定事實，因為，如果你要克服任何隨著不幸而來的後果，接受既定事實是第一步。」

同樣的思想也出現在哲學作家林語堂深受歡迎的著作《生活的藝術》中，他寫道：「一個人心中有了那種接受最壞遭遇的準備，才能獲得真正的平靜。」這句話真是一語中的！**當我們接受最壞的狀**

況，就沒有什麼好損失的了。因此它也意味著，我們可以把每樣東西再爭取回來！

聽起來很有道理，不是嗎？然而，世上卻有成千上萬人在暴怒中自毀生活，只是因為不願接受最壞情況、不願努力改善境遇、不願從災難中盡可能搶救餘物。他們不僅未曾試圖東山再起，還淪落至「與自身經驗角力的暴力競賽」，每天陷入膠著的憂思，最終成為憂鬱的受害者。

油商遇上勒索，巧用解憂方程式解決問題

你想看看其他人如何應用威利斯·開利的神奇方程式解決自身問題嗎？沒問題，我就試舉一個相當適切的實例，故事主角是身為紐約油商的學員。他說：

我被敲詐了！我不相信這種事會發生。我不相信它會發生在電影以外的真實世界，但我是千真萬確被敲詐了！事情是這樣發生的：我在一家油品企業工作，下轄一批送貨卡車與司機。法規很嚴格，我們都是在定量配給的規定下送貨給有需要的顧客。當時我毫不知情，不過似乎有幾名司機私下把定期運給客戶的油量偷斤減兩，然後轉頭再回銷客戶。

我第一次察覺非法交易的跡象是，有天一名自稱政府調查員的傢伙找上門，開口向我討封口費。他說手上握有我們司機偷雞摸狗的實證，威脅我如果不掏錢，就要將這些證據呈交地區檢察官辦公室。

我當然知道，至少就我個人來說，這件鳥事沒什麼好擔心的。不過我也知道，法律明言規定，企

業必須為自家員工的行為負責；而且，萬一鬧上法院，就會登上報紙版面，而公司商譽一旦毀掉就玩完了。我對於家父在二十四年前開創的這門生意一直很自豪。

當時的我實在是太憂慮了，還因此病倒。整整三天吃不下、睡不著，只會不停胡思亂想。應該花這五千美元錢消災解厄，還是叫他滾遠一點，想怎麼做就怎麼做？不管我下定決心要走哪一條路，都是噩夢一場。

然後，星期天晚上，我隨手拿起卡內基公眾演說課程發放有關如何克服憂慮的小書冊，開始讀了起來，領教到威利斯．開利的親身經歷。它提醒我正視最壞的狀況，所以我捫心自問：要是我拒絕給錢，勒索我的傢伙真的把紀錄交給地區檢察官，最糟的狀況會是怎樣？

答案是：我的生意從此毀了。這就是最糟的結果，但我不會入獄。唯一的後果就是我玩完了。

於是，我對自己說：「好啦，事業被我搞砸了。」我打從心底接受這一點。再來會怎樣？

事業一搞砸，我可能就得另謀出路。也不算壞事，我很懂這一行，所以可能有幾家公司願意僱用我……我漸漸開始覺得好過一些。前三天嚇得要命的感覺逐漸消散。我冷靜下來了……而且令人意外的是，我竟然又能思考了。

我神智清醒地看到了第三步：改善最糟狀況。當我思考解決方案時，一個嶄新的角度浮現眼前，要是我告訴律師事情始末，或許他可以幫我找出一條從沒想過的途徑。我知道，坦承自己之前沒想到這一點實在很蠢，但那當然也是因為我根本無法動腦思考，整天就只是焦慮個沒完！我立刻下定決心，明早第一件事就是去見律師，然後我就上床，整晚呼呼大睡！

隔天一早我的律師就要我去見地區檢察官，並坦白告知實情。當我照辦交代完始末，出乎意料地聽到地區檢察官告訴我，這種勒索行徑已經持續好幾個月，那個自稱「政府官員」到處招搖撞騙的傢伙早就是警方通緝的對象。就在我暗自傷神三天三夜，拿不定主意是否要掏出五千美元給這個職業騙徒後，聽到這句話真是大大鬆了一口氣！

這一回經歷教會我終身難忘的一堂課。現在，只要我遇到心生憂慮的急迫難題，就會使用這個神奇方程式。

重症患者運用解憂三步驟，讓不治之症逐漸痊癒

我再告訴你一則麻州溫徹斯特市民厄爾．漢尼（Earl P. Haney）的親身經歷。一九四八年十一月十七日，他在波士頓市的史戴勒飯店（Statler Hotel）親口告訴我這則故事：

一九二〇年代那段時期，我太容易想東想西，結果我的胃開始出現潰瘍。有一天晚上我突然大出血，被緊急送往醫院。我的體重從將近八十公斤直落至四十公斤出頭，幾乎是病入膏肓。醫師甚至不讓我抬手，包括潰瘍權威在內的三位醫師都說我的病是「沒救了」。我每天只靠小蘇打粉過活，每小時被餵食一匙半鮮奶和半匙奶油。每天護士都往我的胃插進一條橡皮管，隔天早上再把殘留物沖洗出來。

這種情況持續了好幾個月……到了最後，我對自己說：「我看這樣吧，**要是你除了等死之外也沒別的指望，不如好好善用最後這一點時間。你一直都很想要在死前環遊世界，如果你還是很想這樣做，不如就放手去做。**」

當我告訴醫師團隊想要環遊世界的心願，請他們改成兩天清一次胃袋，他們都驚呆了。別傻了！他們從來沒聽過這種事，還警告我，如果真的動身環遊世界，就等著葬身海底好了。

我買了一具棺材帶上船，然後和船運公司商量好。萬一我真的半路過世了，請把我的遺體放進冷凍艙，直到客輪回程返家。我訂好旅遊計畫，心中漾滿古代波斯大詩人奧馬·海亞姆（Omar Khayyám）的詩句：「**啊，趁現在把所有揮霍個夠，在入土之前要盡情享受；塵土歸塵土，長臥在土下，沒有酒、沒有歌、沒有歌者，也沒有盡頭！**」

我在洛杉磯登船，揚帆航向東方時，心中舒坦多了。我逐漸擺脫小蘇打粉與洗胃苦刑。很快我就什麼都放開來吃，甚至包括許多人說我吃了鐵定會死的當地奇特食物與調味品。幾個星期過後，我甚至抽起長長的黑雪茄，喝幾杯兌水威士忌，逍遙的程度遠勝過去那幾年！雖然遭遇了幾場照理說會讓我丟掉小命的印度季風和颱風，但我從這趟旅程中獲得莫大的樂趣。

我在船上玩遊戲、唱歌、交新朋友，每天嬉鬧到半夜。我終於停止庸人自擾，而且覺得真是痛快。我回到美國之後，不僅胖了四十公斤，甚至都要忘記自己曾經得過胃潰瘍。我重返商場，從此再也沒有咳聲嘆氣地過日子了。

厄爾·漢尼告訴我，現在他知道自己是在無意識之間採行威利斯·開利克服憂慮的相同辦法。

卡內基快樂學 02

克服憂慮的最佳方法，就是徹底做好最壞打算！

如果你遇上煩惱的問題，請善用消除憂慮的神奇方程式，實踐以下三步驟：

- 步驟一、試想最糟情況：
  請自問「可能會發生的最壞結果是什麼？」
- 步驟二、坦然接受：
  做好一切準備，甘於接受可能到來的最糟情況。
- 步驟三、思考改善對策：
  冷靜下來後，仔細思考，循序漸進地改善眼前狀況。

CHAPTER 3

揮別憂慮，才能迎向健康人生

不懂對抗憂慮的生意人往往早逝。

——法國醫師亞歷克西斯・卡雷爾（Dr. Alexis Carrel）

憂懼是萬病之源，醫界有證據

諾貝爾醫學獎得主亞歷克西斯・卡雷爾醫師曾說：「不懂對抗憂慮的生意人往往早逝。」但其實家庭主婦、獸醫與泥水匠亦如是。

幾年前，我與聖塔菲鐵路醫務主管葛伯醫師（Dr. O. F. Gober）出門度假，他的正式頭銜是灣區、科羅拉多州與聖塔菲聯合醫院主治醫師。我們駕車駛經德州與新墨西哥州，一路上聊起憂慮帶來的影響。「上門求診的病人只要能擺脫恐懼與憂慮，有七成都能自癒。別以為我暗指他們都在裝病，」他說，「他們的病症就像口中有一顆爛牙一樣真實，有時甚至嚴重百倍。我說的病症就好比神經性消化不良、特定類型的胃潰瘍、心臟不適、失眠、某些種類的頭痛以及麻痹症狀。」

「這些病都是真的。我知道自己在說些什麼，」葛伯醫師說，「因為我自己就深受胃潰瘍所苦，長達十二年。」

「恐懼會引發憂慮，憂慮則使你神經繃緊、緊張不安，進一步影響你的胃部神經，使胃液分泌從正常變得異常，許多人往往因此得到胃潰瘍。」

《神經性胃痛》（*Nervous Stomach Trouble*）作者喬瑟夫．蒙塔古醫師（Dr. Joseph F. Montague）曾說過類似的評語。他說：「你的飲食內容不會讓你得胃潰瘍，你會得胃潰瘍是因為有煩擾在啃噬你。」

梅約診所（Mayo Clinic）的艾瓦瑞茲醫師（Dr. W. C. Alvarez）說：「胃潰瘍經常是順應個人情緒緊張的程度時而發作、時而消失。」

梅約診所深入研究一萬五千名胃病患者的紀錄後，證實這套說法無誤。**五分之四的病患完全沒有胃疾的生理病徵基礎，反倒是恐懼、憂慮、憎恨，以及無法適應現實生活等負面情緒所致。**他們的胃病與胃潰瘍多半得歸咎於此……胃潰瘍會置你於死地。根據《生活》（*Life*）雜誌，胃潰瘍高居致死疾病第十名。

最近我與梅約診所的哈洛德．哈本醫師（Dr. Harold C. Habein）數度書信往返，他說自己在全美工業醫師和外科醫師協會的年會上宣讀過一篇論文，闡述他研究一百七十六名平均年齡四十四．三歲的商業高階主管得出的結論。他指出，這些高階主管生活過度緊張，深受心臟病、胃潰瘍和高血壓困擾的比例高於三分之一。想想看，我們的商業高階主管中，高達三分之一不到四十五歲就已經罹患心臟病、胃潰瘍和高血壓。成功代價何其高！況且，他們現在付出的代價甚至可能買不到成功！難道每個人都能以胃潰瘍、心臟病為代價，換來事業上的斬獲嗎？就算他贏了全世界，卻輸了健康，那又有什麼好處？

著名的梅約兄弟宣稱，逾半醫院病床上都躺著神經疾病患者。當他們以高倍顯微鏡的精密檢驗技術觀察這些人的神經時卻發現，大部分其實都和拳王一樣健壯。**他們的「神經疾病」並不是神經本身有何惡化跡象，反而是自覺無用、挫折、焦慮、憂慮、恐懼、挫敗、絕望等負面情緒引起的反應。**

古希臘哲學家柏拉圖說：「**醫師犯下的最大錯誤就在於只試圖醫治身體，卻不治療心靈。但心靈和肉體是一體兩面，不可分開治療！**」

醫藥科學界總共花了兩千三百年才明白這項事實。現在我們開始發展一門名為心身醫學（psychosomatic medicine）的嶄新醫學，雙管齊下，同步治療心靈和肉體。此時正是採取行動的關鍵時刻，因為當今醫學已經掃除細菌引發的可怕疾病，比如天花、霍亂、黃熱病等曾經讓幾百萬人賠上性命的傳染病。不過醫學界還無法治療與細菌無關，反而與憂慮、恐懼、仇恨、沮喪與絕望等負面情緒相關的身心病症。它們所引起的災難正以驚人速度與日俱增、迅速蔓延。

精神失常的原因何在？沒有人知道完整答案。不過極可能在多數情況下都是源於恐懼和憂慮。焦慮與煩躁的個體經常無法面對現實的嚴酷世界，乾脆切斷與周遭環境的所有連結，退縮到自己的幻想小天地，因為這樣才能解決自身的憂慮問題。

憂慮可能造成以下病徵，請時時警惕自己

此際，我的書桌上正擺著醫師愛德華．波多斯基（Dr. Edward Podolsky）著作《停止憂慮就能康復》（*Stop Worrying and Get Well*），以下列舉書中幾個章節名稱：

憂慮對心臟影響大
憂慮讓你血壓飆高
憂慮可能導致風溼症
腸胃要好，憂慮要少
憂慮會讓你感冒
憂慮對甲狀腺有害
糖尿病患者總愛憂慮

另一本詳述憂慮影響的書籍是醫師卡爾・孟寧格（Karl Menninger）所著《生之掙扎》（*Man Against Himself*）。孟寧格的地位堪稱「精神病學領域的梅約兄弟」，而且他在書中不提任何免除憂慮的法則，僅揭櫫讓人瞠目結舌的事實，看看我們是如何任憑焦慮、挫折、仇恨、怨氣、報復與恐懼摧毀我們的身心靈。你不妨上圖書館找這本書來閱讀。

不過，我若是想知道憂慮能將人逼到什麼地步，大可不用費事到圖書館借書或求教醫師，只需要坐在書桌前望向窗外，就可以看到一街之外的某個人被憂慮搞得神經衰弱，另一個人則是放任自己胡思亂想，結果罹患糖尿病，當股市重挫時，他血液與尿液中的糖分雙雙飆高。

哲學家蒙田獲選為法國波爾多市長時，曾對市民這麼說：「**我很樂意接手辦理各位的事務，但不會爆肝賣命。**」反觀我的鄰居卻把股市溶入自身血液裡，這一步幾乎要了他的命。

然而，要是我需要有人提醒我憂慮的危險性，也不必窺視鄰居的生活，只要看看自己寫書的房間就會想起，前屋主就是因為太過憂慮，提早告別人生。

憂慮可能帶來的負面影響，列舉如下：

關節炎

憂慮會讓你罹患必須長時間以輪椅代步的風溼病、關節炎。享譽全球的關節炎權威醫師羅素．賽西爾（Dr. Rrussell L. Cecil）列出了最容易罹患關節炎的四種情況：

婚姻破裂
財務危機
寂寞和憂慮
長期憤怒

當然，以上四大負面情緒關卡都不是關節炎的唯一肇因，關節炎的成因不同，因此有多種不同表現形式。不過，我必須再度重申，最常見的情境就是醫師羅素．賽西爾列舉的這四種。舉例來說，經濟大蕭條期間我有個朋友受創甚深，不僅家中瓦斯遭到切斷，銀行也沒收他抵押的房產，後來他的太太還得了關節炎。儘管他們四處求醫、嘗試飲食療法，卻都不見成效，直到經濟情況改善才逐漸康復。

蛀牙

憂慮甚至會讓你蛀牙。醫師威廉．麥尼格（Dr. William I. L. McGonigle）曾在全美牙醫協會的演說中指出：「**焦慮、恐懼、煩擾等引發的負面情緒……可能影響人體內鈣質平衡，牙齒因而容易受蛀。**」麥尼格醫師舉出一名原本擁有一口美齒的病患為例，他在妻子急病入院後陷入憂慮，三週內就蛀了九顆牙，全是憂慮所致。

甲狀腺機能亢進

你曾經見過罹患急性甲狀腺機能亢進的患者嗎？我見過，而且我還可以告訴你，他們會打顫、發抖，看起來就像是好好的一個人，卻已被嚇個半死。這就是此種病症強大的摧毀力量。甲狀腺掌管著身體運作的規律，一旦亂了套，心跳就會加快，整具身體也會亢奮得像打開所有爐門的火爐，要是不趕緊開刀或治療，當事人就可能「活活把自己燃燒殆盡」。

不久之前，我陪同一名罹患這種病症的朋友到費城，求助當地知名專科醫師伊瑟列．布瑞姆（Dr. Israel Bram）。他問我朋友的第一個問題就是：「什麼樣的情緒問題引發這種情況？」他警告我的朋友，**要是再不停止憂慮，很可能也會陸續得到其他併發症：心臟病、胃潰瘍或是糖尿病**。「所有這些疾病，」這位名醫說，「都可說是近親，甚至是一等親。」

提早老化

我曾經採訪英國女星茉兒．歐伯朗（Merle Oberon），她表示自己絕對不向憂慮屈服，因為她知道，憂慮將會摧毀她登上銀幕的重大資產——美貌。

「我剛踏進影壇時既擔心又害怕，」她告訴我，「因為我剛從印度來到倫敦謀職，但是我在這裡沒有半個熟人。我拜會幾位製片商，但根本沒有人打算用我，我僅有的存款就要見底了，整整兩個星期只能靠餅乾與開水充饑。我對自己說：『也許你就是個傻子，永遠也別想闖進電影界。畢竟，你根本就沒有經驗，完全沒上過鏡頭。說到底，你除了臉蛋還有什麼可取之處？』」

「我走到鏡子前端詳自己才發現，憂慮竟然幾乎毀掉我的外表！我看到臉上擠出皺紋，也看見焦慮的神情。所以我又對自己說：『**你必須立刻停止憂慮！你根本沒本錢憂慮**。你拿得出來的本事只有美貌，但憂慮會毀掉它！』」

少有其他事物能比憂慮更快速地催人衰老，進而毀掉容貌。憂慮會讓我們表情凝重、咬緊牙關，臉上浮現皺紋；也可能讓黑髮轉白髮，有時甚至掉個精光；還會破壞好氣色，帶來皮膚疹、潰爛和面皰等各式問題。

心臟病

心臟病是當今美國的頭號劊子手。二戰期間，約莫三十多萬人戰死沙場，但是同一期間死於心臟病的公民卻高達兩百萬人，其中一百萬名死者的致死原因歸咎於憂慮及高壓生活。沒錯，心臟病正是亞歷克西斯・卡雷爾醫師所說：「不懂對抗憂慮的生意人往往早逝」主要禍首之一。

我還是密蘇里州鄉間的小鬼頭時，曾聽過福音傳教士孫培理（Billy Sunday）描述另一個世界裡的地獄烈火，當場嚇得半死。不過他未曾提過，就在此時此地，憂慮便可能招來我們生理痛苦的地獄烈火。舉例來說，如果你長年憂慮不已，很可能終有一天就會罹患人類疾病中最痛苦的病症：狹心症。

威廉・詹姆斯說：「**上帝可能寬恕我們的罪，但神經系統卻絕對不讓我們好過。**」

自殺

以下這樁事實真的讓人難以置信：每年自殺而死的美國人，遠多過死於五種重大傳染病的總數。何以如此？答案不外乎：「憂慮。」

古代中國軍閥折磨囚犯時，會綁緊囚犯的手腳，將他們置於不斷滴水的布袋下方，夜以繼日、沒完沒了地滴滴答答……最後，不斷滴在頭上的水滴彷彿變成槌子的敲擊聲，將這些囚犯逼得發瘋。同樣一招也出現在西班牙宗教法庭和希特勒時代的德國集中營。

憂慮就像從不止息的水滴，夜以繼日、沒完沒了。憂慮之水常會使人發瘋，走向自殺之途。

平靜是最強大的內在力量，讓你遠離惡疾

你熱愛生命嗎？你想要延年益壽、享受健康嗎？請容我引述卡雷爾醫師所說：「**在現代城市的混亂與喧囂之中，唯獨保持內心平靜的人不會罹患神經疾病。**」你只要付諸行動，就可以辦到。

請自問，你能否在現代城市的混亂喧囂之中保持內心平靜？倘若你是一般人，答案應該會是「可以」或「絕對可以」。我們多數人都比自我認知更堅強，擁有許多自己未曾探索的內在力量，正如美國哲學作家亨利．梭羅（Henry Thoreau）在名留青史的巨著《湖濱散記》（*Walden*）中所說：「人們毫無疑問有能力提高自身的生活品質，我看不到其他比這一點更令人振奮的事實……如果一個人可以自信滿滿地朝理想方向努力，下定決心過一種自己想過的生活，就一定會獲得意外的成功。」

我很肯定，本書許多讀者都具備滿滿的意志力與內在力量。我堅信，如果我們都能善用本書所討

論的古老真理，即使在最悲慘的情境下依然可以驅散憂慮。以下是歐嘉・賈薇（Olga K. Jarvey）親筆寫給我的故事：

八年半前，醫師宣告我來日無多，最終將會緩慢而痛苦地死於癌症。全國最頂尖的醫療機構梅約兄弟隨後也證實這道判決。我走投無路、絕望至極！我還年輕，一點都不想死！我在絕望之餘打電話給住在凱洛格市的家庭醫師，哭訴心中的絕望。他有些不耐煩地喝斥我：「歐嘉，你是怎麼搞的？難道你一點反抗能力都沒有嗎？你再這樣哭下去，肯定死得更快。沒錯啦，最壞結果就是你真的沒救了。那也只能這樣啊，你還是得面對現實！別再胡思亂想了！不如找點事情做！」就在那一刻，我發下重誓：「我絕不再憂慮！絕不再掉一滴淚！要是有什麼重要的事我必須常記心頭，那就是我要打贏這場戰爭！我要活下去！」

當時，在罹患這類重症的情況下，一般就是一天照射十分鐘X光，連照三十天，而他們要我一天照十四分鐘，連照四十九天。儘管骨頭像是荒涼山坡上的石頭一樣從瘦骨嶙峋的身體突出，雙腳也常常沉重得像是鉛塊一樣，我卻一點也不感到憂慮，而且完全沒有掉一滴淚！我用力微笑！沒錯，我實際上是逼自己用力微笑。

我沒有愚蠢到以為只要常保微笑就能戰勝癌症，不過我真的相信，常保心情愉快有助身體對抗疾病。無論如何，我確實走過這一遭，戰勝了癌症。**近幾年是我最健康的黃金狀態，這一切全拜這句充滿挑戰的話所賜：「面對現實：別再胡思亂想了；不如找點事情做！」**

請容我在結束這一章之前再次重申卡雷爾醫師的提醒：「不懂對抗憂慮的人往往早逝。」

卡內基快樂學 03

找回平靜的內在力量，別讓憂慮害你賠掉健康！

- 請務必謹記：憂懼乃萬病之源！身體與心靈密不可分，千萬不可任憑焦慮、挫折、仇恨、怨氣、報復與恐懼摧毀我們的身心靈。
- 若是長久懷抱負面情緒，輕則可能導致蛀牙、失眠、早衰，重則可能導致胃潰瘍、關節炎、心臟病等症狀。請將這項事實放在心中，正視憂慮的危害，提醒自己不要踏上這條受苦之路。
- 想要延年益壽、享受健康，請保持平靜，滋養這份強大的內在力量，邁向更加理想的人生。

卡內基消除內耗心法 **Part 1**

牢記克服憂慮的致勝心法，別再讓內耗侵蝕你的身心！

法則 1

如果你想揮別憂慮，請專注生活在「完全獨立的今天」，千萬別花時間後悔昨天、幻想明天。

法則 2

碰上各種大小麻煩將你逼至困境時，不妨試試神奇的解憂三步驟。

【步驟1】設想最糟情況——請自問「要是我解決不了問題，可能發生的最壞情況是什麼？」

【步驟2】坦然接受——若有必要，做好接受最壞情況的心理準備。

【步驟3】思考改善對策——在打從心底接受最壞狀況的前提下，平靜地嘗試改善困境。

法則 3

提醒自己，憂慮將會要你付出自身健康的天價成本。「不懂對抗憂慮的人往往早逝。」

PART 2

精準拆解憂慮的兩個關鍵技巧

Basic Techniques In Analysing Worry

你是否成天擔憂個沒完沒了？你是否受夠冗長又無解的會議？

無論你是正為憂懼所苦，還是想化解職場壓力、提升工作效率，以下篇章將針對如何拆解憂慮，提供許多工具和技巧，教你迅速掌握客觀事實、釐清問題核心，讓所有煩惱不攻自破！

CHAPTER 4

掌握客觀事實，讓煩惱不攻自破

我有六個誠實的僕人，它們教會我所知的一切。它們就是：何事、何因、何時、如何、何地與何人。

——諾貝爾文學獎得主拉雅德・吉卜林（Rudyard Kipling）

花時間釐清憂慮的具體因素，別花時間憂慮

在第二章，我們介紹了威利斯・開利的神奇方程式，但是它能解決所有的煩惱嗎？想也知道，當然不可能。因此，我們應當學會分析問題的三道基本步驟，才能具備處理各種煩憂的能耐。這三道步驟就是：

步驟一：掌握事實

步驟二：分析事實

步驟三：做出決策，然後根據決策採取行動

有夠簡單，對嗎？沒錯，這是古希臘哲學家亞里斯多德身體力行的原則。如果我們想要解決糾纏不休的煩惱，以免人生淪為地獄，我們都必須學會活用。

且讓我們先檢視第一道原則：掌握事實。為什麼掌握事實如此重要？這是因為，除非我們通盤了解事實，否則不可能試圖明智地解決問題。若無事實，我們就只能繞著困惑原地打轉。這套說法出自擔任哥倫比亞大學哥倫比亞學院（Columbia College）院長二十二年的賀伯特．霍克斯（Herbert E. Hawkes）。他曾協助二十萬名學生解決困擾，而他告訴我：「**困惑是憂慮的主要成因**。」他這樣比喻：「全世界有一半的煩惱，源自於人們在尚未充分了解問題的情況下做決定。舉例來說，如果我遇到一個問題，下週二下午三點之前要做出決策，在那天來到之前，我絕對不會嘗試做任何決定；與此同時，我會聚精會神蒐集所有與這道問題相關的事實。我不會憂慮，也不會深陷問題之中，更不會夜不成眠。我就只是全神貫注地蒐集事實。到了當天，要是屆時我真的掌握所有事實，通常問題就會自行解決！」

我問霍克斯院長，這是否意味著他已徹底戰勝憂慮。「沒錯，」他說，「我想我可以很坦白地說，我發現，現在我的人生幾乎與憂慮無緣。」他又繼續接著說：「**如果我們可以把時間花在釐清公正、客觀的事實，憂慮往往終將在知識之光照拂下人間蒸發。**」

在客觀蒐集所有事實之前，不要急著解決問題

然而我們多數人都是怎麼做的？大概就像發明大王湯瑪士．愛迪生（Thomas Edison）的嚴肅評論：「人們為了逃避思考的辛苦，總是訴諸權宜之計。」如果我們花心思釐清事實，卻只是順著支持自身想法的事實追尋到底，完全無視其他事實，那我們只會得到與自身行為相符的看法，也就是一廂情願的念頭、預設偏見的事實！

誠如法國歷史學家安德烈．莫洛亞（André Maurois）所說：「一切與我們個人欲望相符的事物都像是真理，一切相悖之事則讓我們暴跳如雷。」

那麼，當我們知道找出問題的答案就是如此困難時，還會覺得大惑不解嗎？如果我們在解國小算術題時一味堅持二加二等於五的假設，就會遇上這樣的麻煩。**但是世界上還是有許多人無謂地堅持二加二等於五，甚至是五百，結果把自己和別人的人生搞得像煉獄一樣**。

那我們該怎樣做？思考時必須將情緒排除在外，正如霍克斯院長所說，我們得確保事實保持「公正、客觀」。

當我們胡思亂想時不容易做到「公正、客觀」，因為在那個當下，情緒往往占上風。不過，我發現，若想試圖跳脫自身的問題，以一種「公正、客觀」的方式看清事實，有兩個方法相當管用，列舉如下：

方法一：假裝自己正在幫別人蒐集資訊

試圖掌握事實時，我會假裝自己正為了某個人蒐集資訊，而不是為了自己。這種做法有助於採取

冷靜、公正的視角看待證據，也有助於擺脫情緒干擾。

方法二：扮演反方律師與自己辯論

當問題糾纏不休時，有時我會假裝自己是律師，正準備蒐集相關證據與反方一辯高下。換句話說，我試圖找出與自己所有想法背道而馳的事實，也就是所有會粉碎我的希望，而且我根本不想面對的事實。

當我把正方與反方的兩面說法都寫下來之後，通常會發現，真相就落在光譜兩端的中間地帶。

在此，我想要強調：無論是你我、愛迪生或美國最高法院，**若無法在第一步就掌握事實，就別奢望能夠聰明地歸納出任何問題的明智決定**。

所以，解決問題的第一道原則就是：掌握事實。讓我們仿效霍克斯院長的做法：在公正、客觀地蒐集所有事實之前，不要試圖解決問題。

明確執行四步驟，就能擺脫九十%憂慮

我吃過很大的苦頭才學到珍貴教訓：把事實形諸文字更容易分析。事實上，**光是以白紙黑字寫下事實，讓問題躍然紙上，這個舉動本身就相當有助於我們最終歸納出明智決定**。正如美國汽車產業發明家查爾斯・凱特林（Charles Ketteing）所說：「把問題說清楚，就解決一半問題。」

以下我將描繪一幅完整情境，讓你充分明白如何將上述論點轉化為具體行動。故事主人翁蓋倫・里奇菲德（Galen Litchfield）堪稱是經商遠東地區最成功的美國企業家之一，在一九四二年日本入侵上海時，他人正好在中國，以下是他講述的親身經歷：

那是在日本偷襲美國珍珠港之後沒多久，我是亞洲人壽保險公司（Asia Life Insurance Company）上海駐點的經理。日本官方派來一名海軍軍官，命令我協助他清點公司資產。我毫無選擇餘地，只能合作，要是另做打算，就是死路一條。

我遵照指示做做表面工夫，因為我真的別無選擇。不過我故意漏報一批價值七十五萬美元的保險費，這是因為它們屬於我們的香港分公司，和上海資產扯不上關係。但是我依然很害怕，假使日本人發現我做了什麼好事，我的計畫可能是在自掘墳墓。果然他們一下子就發現了。

他們發現的當下，我正好不在公司，只有會計部門主管在場。他告訴我，那位海軍上將暴跳如雷、連連詛咒我是小偷、叛徒！竟敢違抗日軍指令！我很清楚走到這一步會有什麼後果。我就要被抓去審問了！

審問會在刑求室進行，以前曾經有幾位朋友寧可自我了斷也不願被關進裡面，更有其他朋友被拷問、折磨十天就再也看不到隔天的太陽。現在，輪到我了！

當我知道事情被發現時，完全嚇壞了。假如沒有這套解決問題的技巧，我真的會嚇到手腳發軟。多年來，每當我憂心忡忡，總會寫下兩道問題，接著再寫下回應的答案：

一、我正在擔心什麼事？

二、我可以怎麼做？

以前我不會把問題與答案寫在白紙上，但幾年前改變做法了。我發現，用白紙黑字把問題與答案都寫出來有助釐清思路。所以我先寫下：

「我正在擔心什麼事？我害怕明天一早就會被抓去審問。」

「我可以怎麼做？」

我花了幾小時思考，寫下自己可以採取的四種行動，以及每一種行動的潛在後果：

一、我可以試圖向日本海軍上將解釋，不過他又不會說英語，要是我們之間還得透過口譯員傳話，很可能直接把我抓去審問。

二、我可以試著逃走。但這是不可能的事，他們一直在監視我的行蹤。倘若我試圖逃跑，很可能直接遭到槍斃。

三、我也可以躲在房間裡，避免靠近辦公室。但我如果這樣做，日本海軍上將就會起疑，可能會派兵來逮捕我，完全不給我機會辯解，直接抓去審問。

四、星期一我可以如常上班，畢竟日本海軍上將有可能忙到不記得我做了什麼事。就算他真的想起來，也有可能已經冷靜下來，懶得再找我麻煩了。若真如此，我就安全了。即使他真的來死纏爛打，我也還有機會嘗試向他解釋。所以，星期一上午應該照常上班，表現得像是一切都沒有出任何差錯，這樣我還有兩次機會逃過被抓去審問的死劫。

我一想通之後就決定採行第四個方案，也就是星期一上午照常上班。

隔天一早我走進辦公室，只見那位日本海軍上將嘴上叼著一根雪茄，大剌剌地坐著等我，一如往常地對我怒目而視，但一句話也沒說。謝天謝地，過了六個星期，他返回東京，我的憂慮從此解除。

就像我剛才所說的，星期天下午我把所有可能的方案以白紙黑字寫出來，同時也寫下每一個方案的可能後果，然後冷靜地做出決定。很可能就是這一步救了自己一條小命。倘若我沒有這麼做，很可能方寸大亂、猶豫不決，而且在情急之下做了要命的蠢事。假如我沒有想通自己的問題再做出決定，也很可能整個星期天下午都被憂慮搞得抓狂，到了晚上又夜不成眠，隔天上班時面帶愁容、精神委靡，單單此情此景就會讓日本海軍上將起疑，甚至刺激他採取行動。

里奇菲德先生說：「經驗屢次證明，做出決策的價值彌足珍貴。無法找到確定的目標、阻止不了自己在令人發狂的原地兜圈子，都會讓我們崩潰，如陷人間煉獄。我發現，一旦我做出明確、果斷的決定，心上的石頭馬上減輕一半；一旦開始付諸行動，另外四十%也跟著消失。」

由此可見，他採取以下四道步驟擺脫九十%憂慮：

步驟一：精確寫出我正在擔心什麼事。

步驟二：寫出我可以怎麼做。

步驟三：決定應當怎麼做。

步驟四：立即執行決定。

成功心法：當機立斷、採取行動、永不回頭

蓋倫．里奇菲德後來成為史塔、帕克與費里曼公司（Starr, Park and Freeman, Inc.）遠東區總監（Far Eastern Director），負責大型保險案與金融權益，並因此成為亞洲區最重要的美國商界領袖。他對我坦承，自己的功成名就很大一部分得歸於這套分析並直球對決憂慮的心法。

為何這套心法如此管用？因為它有效、具體，而且直指問題核心。最重要的是，第三道不可或缺的法則「決定該怎麼做」。**除非我們採取行動，否則所有蒐集、分析事實的作為都只是徒然浪費精力而已。**

威廉．詹姆斯曾說：「在做出決定並將之排入當天待辦事項後，務必將其他職責拋到一邊，也不要在意結果。」（在這種情況下，威廉．詹姆斯無疑是將「在意」當作「焦慮」的同義詞。）他的意思是，一旦你基於所有事實做出謹慎決定，那就立即起而行。不要再停下腳步想東想西，也不要開始猶豫不決、憂心忡忡並且躊躇不定。自我懷疑會滋生更多懷疑，所以**務請不要因為自我懷疑迷失方向，也不要一再回頭顧盼。**

我曾經請教奧克拉荷馬州最出名的油商偉特．菲利浦（Waite Phillips）如何執行決策，他回答：「我發現，沒完沒了地思考問題，超過一定限度以後反而會引發困惑和憂慮。總是會來到某個臨界點，屆時更多的調查、思考反而都變得有害。總是會來到某個臨界點，我們必須當機立斷決定、採取行動，而且永不回頭。」

卡內基快樂學 04

從客觀事實找出解答，讓所有煩惱不攻自破！

你何不活用里奇菲德的思考技巧，解決當下某一樁讓你煩心的事情？
請實際提筆，在四個步驟下方寫下答案。

- 問題一：我正在擔心什麼事？

____

- 問題二：我可以怎麼做？

____

- 問題三：我的處理手法是什麼？

____

- 問題四：我什麼時候開始採取行動？

____

CHAPTER 5

四步驟釐清問題，工作焦慮減半

困惑是憂慮的主要成因。全世界有一半的煩惱，源自於人們在尚未充分了解問題的情況下做決定。

——哥倫比亞學院院長賀伯特．霍克斯

會議時間縮短七十%，工作焦慮直接減半

如果你正在商業界打滾，此刻很可能心想：「這一章的標題有夠蠢。我都已經經商十九年了，要說有誰能馬上解開這個問題，非我莫屬。竟然有人想要指點我如何減輕事業上的一半煩惱，實在是太可笑了！」

這麼想很有道理。倘若是幾年前，我看到書中出現這句標題也會啞然失笑，因為它掛著滿滿的保證，但這些保證都很廉價。

讓我們把話攤開來說吧：**我很可能根本無法協助你減輕一半事業上的煩惱。說到底，除了你自**

己，誰也辦不到。但是我可以做到的部分是，轉述他人經驗與你分享，再來就全靠你自己了！

你或許還記得，在本書第三章，我引用醫師亞歷克西斯・卡雷爾的名言：「不懂對抗憂慮的生意人往往早逝。」

既然憂慮的代價如此之高，就算我只能協助你減輕十%憂慮，你不也應該開心嗎？現在，我先告訴你一則真實故事，揭示某位商業高層如何從此減輕不只五十%憂慮，更大幅縮短七十%開會時間。

這一則親身經歷的故事主角是美國享譽文壇的賽門舒斯特出版社（Simon & Schuster）前任合夥人總經理里昂・辛金（Leon Shimkin），該公司位於紐約的洛克菲勒中心（Rockefeller Center）。

以下是里昂・辛金親口講述的經歷：

> 十五年來，我幾乎得把每個工作天的一半時間花在主持大小會議，討論各種問題：應該這樣做或那樣做嗎？還是根本不應該做？開會氣氛總是很緊繃，有些與會者坐如針氈，其他人則是在會議室裡踱步，唇槍舌戰，但大部分討論事項都在原地打轉。每天入夜後我都筋疲力盡，一心想著這輩子大概都要這樣過下去了。畢竟我已經這樣過了十五年，**從來就沒有動腦想過其實可以優化討論的流程。假如當時有人告訴我，其實大可少耗四分之三時間在這種會議上，並因此減輕四分之三的精神壓力，我一定會覺得，對方只是一個睜著大眼睛、不切實際的樂觀主義者。**不過，我後來自行設計的方法卻實現了這項目標。我已經身體力行八年了，為我的效率、健康和幸福創造驚人奇蹟。
>
> 聽起來很像是什麼神奇魔術吧，但真的就像所有的魔術一樣，一旦說穿了就會覺得再簡單不過。
>
> 祕訣就是：首先，**我立即停止沿用十五年的開會方式，也就是讓遇到麻煩的同事先向我彙報全部細節，因為話題總是結束於「我們該怎麼做？」**再來，我制定新規則，每一位想呈報問題的同事都得

先上繳一份事先回答以下四項問題的書面報告。

這位總經理規定的報告內容如下：

問題一：遇到什麼困難？

過去我們總是習慣花一、兩個小時困在一場人人愁眉苦臉的會議中，可是沒有任何與會者知道具體癥結點何在。眾人總是你一言、我一語，但是都沒有人寫下我們真正遇到的問題是什麼。

問題二：肇因是什麼？

當我回顧職涯，發現自己浪費這麼多時間在開一場又一場焦慮個沒完的會議，卻都不曾試圖明確找出問題根源，不禁感到相當汗顏。

問題三：有哪些可能的解決方案？

在以前，會議中只要有人提出解決方案，其他人就會七嘴八舌提出反對意見，弄得氣氛越來越緊繃，進而偏離討論主題，甚至連會議結束後都沒有人願意記錄討論事項，以便在未來應用。

問題四：你會建議採用哪一種方案？

以往我常與某個會花上幾小時擔心情況生變的傢伙開會，結果我們老是在原地兜圈子，從來就沒有真正把事情徹底想通，再歸納出可能方案，並全部條列成「這是我建議的解決方案」。

現在，辛金的同事已經很少再帶著問題去找他了。**因為他的同事已經發現，自己不僅得先掌握所有事實，還得把問題徹底想通。等他們跑完這些流程後更會發現，七十五%的問題根本不用再諮詢意見，**因為適切的解決方案會自動浮現，就像烤熱的麵包自然會從吐司機裡跳出來一樣。就算有些情況真的非得諮詢不可，花費的時間也只有以往討論時間的三分之一，因為它會有條不紊地依照邏輯循序漸進，最終導向合理的結論。

如今，賽門舒斯特出版社內部已經很少花時間自尋煩惱，反而會採取已經得出結論的行動導正事態。

超級業務員分享煩憂減半、收入翻倍的妙方

我的友人法蘭克・貝特格（Frank Bettger）是美國保險界的超級業務員，他表示自己也是善用類似手法減輕工作煩憂，收入還幾乎翻倍成長。

幾年前，我才剛剛踏進賣保險這一行，滿懷熱情，深愛這份工作。之後卻發生一樁意外，導致我灰心喪志，變得看不起自己的工作，甚至考慮轉行。我猜，要不是在那個命中註定的星期六上午，我突然想到要坐下來寫出憂慮的根源，可能真的早就放棄了。

一、首先我自問：「問題到底出在哪裡？」結果是：我雖然每天狂打電話，但是都無法獲取大量

回報。我看起來很懂得向潛在顧客推銷產品，但每次到了結案的關頭，顧客就會說：「好啦，貝特格先生，我會花點時間想想。過幾天你再聯絡我。」正是我花了大把時間打電話卻都沒有結果，使得我萬分沮喪。

二、我再自問：「有哪些可能的解決方案？」對此，我得先研究相關事實才能找出答案。我拿出自己過去一年的紀錄冊，研究所有相關數據。

結果我得出驚人結論！白紙黑字已寫得清清楚楚。我發現，七十%的保單其實都是在第一次親訪的時候就賣出去了！二十三%的保單是在第二次！只有七%是在之後的第三、四、五回拜訪做成。就是這些業務搞得我狼狽不堪，還花了我大把時間。換句話說，我白費一半工作時間在處理這七%微不足道的業務！

三、答案可說是立即顯現。我取消所有超過兩次拜會的行程，改成花費額外時間開發新客戶。成果真的連我自己都不敢相信。在短短時間內，我的每一趟拜會行程業績都翻高將近一倍。

正如我先前所述，法蘭克．貝特格已成為全國家喻戶曉的人壽保險業務員之一。不過，此前他正處於自我放棄、舉白旗認輸的關鍵時刻，直到認真分析問題的技巧推動他踏上成功之路。

卡內基快樂學 05

事先釐清四大關鍵，就能大幅縮短開會時間！

你能否善用以下問題解決工作上的難題？
請回答以下四個關鍵問題，立刻減輕一半工作煩惱！

- 問題一：遇到什麼困難？

____

- 問題二：肇因是什麼？

____

- 問題三：有哪些可能的解決方案？

____

- 問題四：你會建議採用哪一種方案？

____

卡內基消除內耗心法 Part 2

商業菁英這樣拆解焦慮：權衡事實、審慎決策、起身行動！

法則1 掌握事實。請謹記哥倫比亞大學霍克斯院長所說：「全世界有一半的煩惱，源自於人們在尚未充分了解問題的情況下做決定。」

法則2 仔細權衡所有事實後，謹慎做出決策。

法則3 一旦謹慎做出決策，立刻起身行動！請花時間執行決策，並且不要為了最終結果焦慮。

法則4 當你或同事遇到煩惱的工作問題時，請依序寫下以下問題的答案。

【問題1】遇到什麼困難？

【問題2】肇因是什麼？

【問題3】有哪些可能的解決方法？

【問題4】你會建議採用哪一種解決方案？

PART 3

打破負面思考的六大祕訣

How To Break The Worry Habit Before It Breaks You

你是否長期感到焦慮不安，腦海中不斷浮現負面想法？
憂慮往往會趁你不注意時趁虛而入，讓人陷入自我毀滅的漩渦。若我們懂得運用「平均法則」、「設立停損點」、「改變視角」等實用祕訣，就有足夠的武器抵擋憂慮、打破受苦循環，將心力投入在具備建設性的任務上，邁向成功的康莊大道。

CHAPTER 6

保持忙碌，別讓憂慮占領你的時間

憂慮不會在你行動時來襲，總是在你閒暇時進攻。你會開始天馬行空，想到各種可能性，擴大任何蛛絲馬跡。這種時刻，你的心境像是空轉的馬達，終將自我毀滅。治療憂鬱的方法，就是去忙一些有建設性的事務。

——哥倫比亞大學教育系教授詹姆斯．莫塞爾（James L. Mursell）

讓自己沒時間煩憂，反而能得到平靜

我的一名學員曾經在班上分享親身經歷，那一晚，我終身難忘。以下是他對全班講述的故事。

他告訴我們，他曾經歷家庭悲劇，而且還不僅一次，而是兩次。第一次他失去心愛的五歲女兒，原本他與妻子都以為撐不過這一回，然而他說：「十個月後，上帝賜給我們另一個小女兒，但她只撐了五天。」

兩場喪親之痛沉重得讓人幾乎難以承受。「我撐不住了，」這名父親告訴我們，「我吃不下、睡不著，精神也無法放鬆。我變得脆弱，信心全失。」最後他求助醫師，有人開給他安眠藥，也有人建議他出遠門旅行。他照單全收，但全都無效。他說：「我的全身上下就像是被一支鉗子狠狠咬住，而且越咬越緊。」**憂傷排山倒海而來。如果你也曾經被悲傷擊倒，一定可以體會他的心情**。

「但是感謝上帝，我還保有一個四歲的兒子。他是我所有問題的答案。有一天下午，我呆坐著沉浸在悲痛中自怨自艾，他問我：『爸爸，你可以幫我組合一艘船嗎？』我哪有什麼心情幫他組合一艘船；事實上，我無心做任何事。但是我兒子一向是個固執的小傢伙，我最後只好讓步。

「組合那艘玩具船花了我三個小時。完工那一刻我才突然意識到，花在組合玩具船的三個小時，竟是幾個月以來我第一次感到放鬆且平靜的時刻！

「這個發現一棒敲醒我，把我從迷霧中拉回現實，也刺激我停頓好幾個月的大腦開始動起來思考。當下我才明白，**當你忙著完成需要規畫、思考的工作時，根本就無暇憂慮。就我的情況來說，組合這艘玩具船的當下，我就將憂慮掃出心門了，所以我下定決心要保持忙碌**。

「隔天晚上，我將整間屋子上上下下的房間巡過一遍，列出一張待辦事項清單。有好多地方等著修繕：書架、台階、防風窗、百葉窗、房間門把手、門鎖、滴滴答答漏水的水龍頭等。結果真可說是讓人目瞪口呆，我在兩個星期內擬出一張條列四百二十項維修工作的清單。

「近兩年，我差不多做完了清單上的所有事項；此外，我也在生活中安排富有激勵性的活動，好比每星期撥出兩晚參加紐約的教育課程、積極參與家鄉的公民活動，現在我還擔任學校董事會主席。我參與各式各樣的會議，像是協助紅十字會與其他活動募款。現在我忙得不可開交，根本無暇煩憂。」

無暇煩憂！這正是二戰如火如荼期間，一天工作長達十小時的英國首相溫斯頓·邱吉爾名言。當時有人問他，肩負巨大責任是否備感憂慮，他的回答就是：「**我忙得要命，根本無暇煩憂。**」

偉大的法國微生物學家路易士·巴斯德（Louis Pasteur）曾說自己「在圖書館和實驗室中得到平靜」。為何會在這些地方找到平靜？因為置身圖書館和實驗室裡的科學家往往全神貫注在工作上，完全無暇憂慮私人問題。鮮少研究人員會精神崩潰，因為他們實在沒有這種美國時間。

治療憂鬱的強效處方：用忙碌填滿真空

為何保持忙碌這麼簡單的小事竟然有助於消除憂慮？這是因為它符合心理學揭櫫的基本法則，那就是：一個人就算再怎麼聰明，都不可能同時一心二用。你不太相信是嗎？沒關係，我們就來做一個實驗吧。

現在，請你閉上雙眼，身體往後傾，同時想像自由女神像出現在眼前，還有明天上午你打算做什麼。（快試試看吧。）

你有沒有發現，雖然腦子可以輪流切換畫面，卻無法同時並陳兩幕場景？其實，情緒也有相同的運作機制，**我們無法精力充沛地投入一項讓人興奮的活動，同時又被憂慮拖入泥淖**。正是這個簡單的發現，讓軍隊裡的隨行心理醫生在戰爭期間創造許多奇蹟。

從戰爭前線返回家鄉的士兵往往深受戰時經驗震撼，這種現象被稱為精神官能症（psychoneurosis），而軍醫開出的藥方就是「讓他們忙個不停」。

他們為這些精神受到嚴重打擊的士兵在清醒的每一分鐘都安排好各種活動，多半是釣魚、打獵、踢球、打高爾夫球、攝影、園藝、跳舞等戶外活動，完全不讓他們有時間胡思亂想可怕的戰時經歷。職能治療（occupational therapy）是當代精神病學採用的說法，將工作當作藥劑寫進處方箋裡面。但這種手段不算新穎，西元前五百年的古希臘醫生早已提倡這種做法。

美國政治家班傑明・富蘭克林的時代，基督教派貴格會（Quakers）也曾經在費城採用這道做法。一七七四年，有個人登門拜訪貴格會療養院，目睹精神疾病患者正忙著用亞麻紡紗，驚訝得目瞪口呆。他原以為貴格會正在剝削這些可憐的病患，直到院方對他解釋，讓病患有事可做，能大幅改善病情，因為他們的神經會放鬆下來。

任何一位心理學家都會告訴你，對神經脆弱的人來說，工作能夠讓人保持忙碌，堪稱最強效麻醉劑。正如英國詩人亞佛瑞・丁尼生（Alfred Tennyson）失去生平知交亞瑟・哈倫（Arthur Hallam）時所言：

「我必須忙到忘記自我，否則將在絕望中凋零。」

當我們一刻也不停地在工作中埋頭苦幹，很容易就會「忙到忘記自我」，但是工作忙完後才是最危險的時刻。正是在這最能享受休閒、最開心自在的時刻，往往容易招來憂慮上身。因為，這就是我們會開始納悶自己的人生究竟該何去何從、生活是否太一成不變、某人說的話是否有「言外之意」的時刻。

當我們沒事做，心智就會趨近真空狀態。亞里斯多德曾提出「自然界厭惡真空」（nature abhors a vacuum）的論述，而生活中最接近真空狀態的情境大概是白熾燈泡的內部構造，你打破燈泡，自然界的空氣就會立即填滿理論上應為真空的空間。

大自然同樣急著想要填滿空蕩蕩的心智，通常是用各種情緒來補上。因為憂慮、恐懼、仇恨、猜忌、嫉妒等情緒都受到原始本能和強大能量所驅使，它們的本質極度暴力，往往將我們心中所有和平、快樂的念頭與情感掃蕩出去。

對此，哥倫比亞大學教育系教授詹姆斯．莫塞爾一針見血地評論道：「憂慮不會在你行動時來襲，總是在你閒暇時進攻。你會開始天馬行空，想到各種可能性，擴大任何蛛絲馬跡。這種時刻，你的心境像是空轉的馬達，終將自我毀滅。治療憂鬱的方法，就是去忙一些有建設性的事。」

案例一：整天擔心孩子安危的母親

你不用當上大學教授，也能夠明白這個真理並付諸實踐。二戰期間，我巧遇一名來自芝加哥的家庭主婦，她告訴我如何憑藉一己之力發現「治療憂慮的方法就是一心一意投入有建設性的工作」。當時我正在從紐約返回密蘇里州老家的路上，因此有緣在用餐車廂結識這名主婦與她的先生。

這對夫妻告訴我，日本偷襲珍珠港的隔天，他們的兒子就投筆從戎了，她說自己太牽掛獨子，以至於幾乎搞壞身體。此時此刻他在哪裡？他安全嗎？會不會正在戰場上廝殺？他會不會受傷？會不會被殺？

當我問她如何擺脫憂慮時，她回答：「我到處找事情做。」她告訴我，一開始先是辭退家裡的女傭，自己操持所有家務，試圖讓自己從早到晚忙個不停。不過光是這樣沒什麼幫助。「麻煩在於，」她說，「我做家務時幾乎是機械式動作，根本不用動腦。所以我一邊整理床鋪、清洗鍋碗瓢盆，一邊卻還是憂慮個沒完。**我意識到自己需要某一種全新的工作內容，讓身心時刻保持忙碌**。於是，我在一間大型百貨公司找了一份門市業務員的工作。」

「這次終於成功了，」她說，「我隨即發現自己忙得不亦樂乎，總是有顧客簇擁在身邊追問商品價格、尺寸與顏色。**我完全沒有多餘的時間可以分心思考工作以外的事情。每當夜幕低垂，我除了想趕快解放痠痛的雙腳之外，毫無心思去想別的事。我一吃完晚餐就倒頭大睡，而且立刻睡得不省人事。我再也沒有時間或精神憂心其他的事情。**」

她的發現與英國文藝家約翰．鮑伊斯（John Cowper Powys）的看法不謀而合。鮑伊斯在著作《忘懷不快的藝術》（*The Art of Forgetting the Unpleasant*）中寫道：「**人類這種動物只要沉浸在自己肩負的任務中，便會得到一定程度的安適感、一定程度的深刻內在平靜，還有一種忘我的幸福感，足以撫慰他們的神經。**」

這真是無上的恩賜！

案例二：在意外中喪偶，被醫生宣告終身臥床的探險家

歐莎．強森（Osa Johnson）是最享譽全球的女性探險家，你可能讀過她的生平故事《我嫁給冒險》（*I married Adventure*），以下是她從憂慮與悲傷漩渦中解脫的經歷。

她在十六歲時嫁給馬汀．強森（Martin Johnson），自此他便帶著她告別堪薩斯州夏努特市的大馬路，深入印尼婆羅洲的蠻荒叢林小徑。往後二十五年間，這對來自堪薩斯州的夫妻遊遍世界各地，拍攝亞洲、非洲等地即將滅絕的野生動物。幾年後，他們開始帶著影片在全美巡迴演講，卻在某天搭機

從丹佛飛往西岸途中，遇上飛機撞山墜毀的意外。馬汀．強森當場死亡，歐莎則被醫師團判定將終身臥床。不過，他們一點都不了解歐莎．強森。三個月後，她已經可以坐上輪椅，在大庭廣眾之前發表演說。事實上，那段時間她對著超過一百名觀眾演說，而且全是輪椅族。我問她為何這麼做，她回答：「這樣的話，我就不會有時間悲傷憂慮了。」

歐莎．強森發現的真理，和一百年前丁尼生吟唱的情懷如出一轍：「我必須忙到忘記自我，否則將在絕望中凋零。」

案例三：在嚴酷極地中獨自生活的軍人

海軍上將李察．柏德（Richard Evelyn Byrd）曾經獨自一人在冰雪覆蓋的南極生活整整五個月，並在著作《獨自一人：南極洲歷險記》（*Alone*）中細述自己如何熬過這段讓人惶惑不安、神志激狂欲絕的黑暗生活。在那塊大陸上，白天就和黑夜一樣伸手不見五指，他唯有忙個不停才能免於失去理智。

在夜晚，我養成一個習慣，那就是吹熄提燈的燭光之前要先排定隔天的工作表。這是一套照表操課的做法，我指派自己花一小時走去逃生隧道，用半小時剷平雪堆、一小時收拾油桶、一小時在儲藏食物的洞穴凹壁上削鑿書架，再花兩小時修理搬運雪橇破損的紐帶……

像這樣分配時間，會帶來一種自我管理的成就感……若不採取相同或類似的方式行動，就會變得漫無目的；而漫無目的的結果，自然是搞得一團亂了。

請再次留意最後這句話：「**若不採取相同或類似的方式行動，就會變得漫無目的；而漫無目的的結果，自然是搞得一團亂了。**」

工作是全世界最便宜、最有效的自癒靈丹

如果你也是操心一族，請謹記，我們可以把工作當作解憂良方。這句話出自醫學權威理查・凱伯特醫師（Dr. Richard C. Cabot），他曾是哈佛大學臨床醫學教授。凱伯特醫師在著作《人類以何為生》（*What Men Live By*）中說：「我身為醫師，由衷開心地見證那些因為懷疑、猶豫、躊躇和畏懼等情緒引發精神麻痺的患者在積極治療中恢復健康……工作賜予我們的勇氣就如同愛默生（Ralph Waldo Emerson）筆下的『自癒』二字，閃耀永恆光輝。」

如果我們不讓自己保持忙碌，鎮日呆坐著憂悶沉思，便會孕育出英國博物學家查爾斯・達爾文（Charles Darwin）所說「無中生有、喋喋不休的小妖精」，它們根本不存在，就只是一群專惹麻煩的小妖怪，樂於掏空我們的腦袋、摧毀我們的行動力和意志力。

劇作家蕭伯納以一句話總結憂慮的本質：「**痛苦的祕密源自於有閒功夫擔心自己是否幸福。**」因此，**不要再費事胡思亂想了！加把勁，讓自己忙起來，這樣你的血氣才會開始循環，心智才會開始躍動，**很快地，積極正面的人生意念就會漾滿全身，將憂慮掃出心門。忙起來、忙不停，這是全世界最便宜、最有效的靈丹妙藥。

卡內基快樂學 06

投入有建設性的任務，憂慮就無法趁虛而入！

- 若想打破憂慮循環，請力行以下法則：保持忙碌。
- 謹記英國詩人丁尼生的話：「習於煩憂的人必須忙到忘記自我，否則將在絕望中凋零。」
- 請小心憂鬱在閒暇時刻趁隙而入。事先為自己排定任務，就能按表操課，不怕迷失在愁緒中。
- 只要有事可忙，就能讓緊繃的神經放鬆，這是全世界最便宜、最有效的靈丹妙藥！

CHAPTER 7

別為小事抓狂，付出慘痛代價

人生苦短，別為小事抓狂。

——英國首相班傑明・迪斯雷利（Benjamin Disraeli）

人們有面對災難的堅韌，卻任憑小事折磨心靈

以下這則故事十分戲劇化，我有生之年大概都忘不了。故事主角羅伯特・摩爾（Robert Moor）來自紐澤西州楓木市，他說：

我這一輩子學到最重要的一堂課是在一九四五年三月，地點是中南半島外海。六枚深水炸彈在潛艇四周炸開，把我們往下方推到八十五公尺深處。所有人都嚇壞了。「死到臨頭了！」我不斷對自己說，「死到臨頭了！死到臨頭了！」當時風扇和冷卻系統全都關閉，艙內溫度飆高到超過攝氏三十七度，但是恐懼讓我冷得全身打顫，即使有毛衣和獸皮襯裡的外套也擋不住陣陣寒意。我冷得發抖不

止，牙齒格格作響，冷汗涔涔而下。日軍的攻擊在持續十五個小時後戛然而止，顯然是打光所有的深水炸彈就掉頭駛離。

這場長達十五小時的攻擊行動感覺好似延續了一千五百萬年，我的人生遭遇就在眼前一幕幕閃過，我想起自己做過的所有壞事、擔心過的所有瑣碎蠢事。我在加入海軍前是銀行職員，總是煩惱薪水太少、工時長又沒升遷；之所以擔心這些，是因為我沒錢置產、沒錢買車，也沒錢給老婆買新衣；而且我超級討厭以前那個動不動就碎碎念、開口飆罵的老闆！我想起以前每晚下班回家後總是酸言酸語，和妻子為小事吵吵鬧鬧；我甚至為了在一次車禍中前額割傷殘留的醜疤而心煩。

幾年前，這些煩憂看起來就像是天要塌下來一樣！但是當深水炸彈威脅著要送我去見上帝時，它們簡直荒謬、可笑到不行。當時，我對自己承諾，假使能保住小命看到明天的太陽，我就再也不要為小事心煩。絕對不要！不要！不要！我置身潛艦中度過膽戰心驚的這十五個小時，所學到的求生真諦遠多於我年輕時候在大學讀的四年書。

我們往往可以勇敢面對人生的重大災難，卻任憑微不足道的「煩死人」小事把我們弄得抓狂。

芝麻綠豆小事，足以引發全球一半心臟病

婚姻裡的「芝麻綠豆小事」也一樣具有逼人抓狂的強大威力，甚至「全球一半心臟病發作的病例都得怪在它頭上」。

這句話有許多權威人士可以證實。芝加哥法官喬瑟夫・賽巴斯（Joseph Sabath）曾經仲裁超過四萬件失敗婚姻訟案，他聲稱：「多數婚姻的失敗都源於雞毛蒜皮小事。」紐約郡前地方檢察官法蘭克・霍根也觀察到：「刑事法庭中整整一半的訟案都是小事惹的禍，諸如在酒吧裡嘴硬逞強、家庭口角、辱罵他人、輕蔑發言、舉止粗魯等，這些都是導致暴力和兇殺案件的小事。**其實我們絕大多數都不是冷血、走極端的人，但是這些小事卻會打擊我們的自尊心、顏面及虛榮心。全球一半心臟病發作的病例都得怪在小事頭上。」**

美國前第一夫人艾蓮諾・羅斯福在新婚之初「成天只會窮擔心」，因為新來的廚師煮飯很難吃。「不過倘若是發生在現在，」羅斯福夫人說，「我只會聳聳肩。」這種態度就對了，完全是成年人該有的反應。

有一次，內人和我受邀赴芝加哥友人的家中共進晚餐。友人在切肉的過程中似乎做錯了什麼事，我沒注意到，但就算看到了，我也不會大驚小怪。不過，他眼尖的妻子可沒放過那一幕，當下就在我們面前扯開嗓子破口大罵。「約翰，」她大叫道，「看看你做了什麼好事！你就是學不會怎麼好好款待客人嗎？」然後她又對著我們碎唸：「他一天到晚出包，就是不試著多用點心。」或許他確實沒有學好切肉的技巧，但我對於他與妻子共同生活二十年付出的努力予以肯定。坦白說，比起一邊享用北京烤鴨和高檔魚翅、一邊聽她罵東罵西，我寧可在和諧的氛圍中吃下幾條塗滿芥末醬的熱狗。

有一句法律名言說：「微罪不舉。」（de minimis non curat lex）同理，成天操心的憂慮之人若想求得心靈平靜，也不該再跟小事過不去。

與其將壞事放大，不如改變視角

多數情況下，**我們若想戰勝煩人瑣事，該做的事就是轉移焦點，也就是在心中設定一個全新、豁達的視角。**出版過幾十本書的荷馬．克洛伊（Homer Croy）就是這句話的絕佳代言人，他在紐約的公寓內寫作，但是屋內輸送暖氣的噪音卻令他幾近抓狂……

後來，我和幾名朋友出城野營。聽著樹枝在火堆裡燃燒發出劈啪聲時，我突然覺得聽起來其實和家中暖氣的噪音好像差不多。那我為什麼喜歡這種聲音，卻痛恨另一種？回家後，我對自己說：「樹枝在火堆裡燃燒時發出的劈啪聲很好聽，暖氣的聲音也一樣好聽。現在我要上床睡覺，而且以後再也不會被這種噪音惹毛了。」我還真的辦到了。幾天後我發現自己還是會清楚聽見暖氣輸送聲，但很快地就置若罔聞了。

擔憂其他的小事也是一樣的。我們討厭這些瑣事，並為此陷入極度不安的狀態，全都是因為我們誇大了這些芝麻綠豆小事的重要性。

英國首相班傑明．迪斯雷利曾說：「人生苦短，別為小事抓狂。」「這一句話，」法國歷史學家安德烈．莫洛亞在《本週》（*This Week*）雜誌中表示：「多年來協助我熬過許多痛苦經歷。我們往往容許自己為了一些原本應該看不上眼，而且經常轉眼即忘的小事生氣……**人生在世只有短短幾十年，但我們卻花大把一去不復返的珍貴時光發牢騷。事實上，我們所有人在一年後就會將這些不滿忘得一乾二淨。**千萬不要浪費時間，且讓我們致力將人生花在有價值的行動和感受，以及偉大的思想、真實的情感與長青事業上。因為，人生苦短，別為小事抓狂。」

就連拉雅德・吉卜林如此赫赫有名的詩人也經常忘記這項真理。結果如何？他與小舅子的法院官司成為佛蒙特州史上最出名的一樁訴訟，甚因為太轟動了，好事者將始末寫成《拉雅德・吉卜林的佛蒙特家醜》（*Rudyard Kipling's Vermont Feud*）一書。整起事件是這樣的：

吉卜林娶了佛蒙特州女孩為妻，在布雷托波洛市蓋了一間可愛的溫馨小屋，打算在這裡過完下半輩子；他與小舅子比提・巴雷斯帝（Beatty Balestier）因此結成莫逆之交。兩人經常一起工作、出遊。然後，吉卜林向比提買下一塊地，雙方同意後者有權在每一季收割牧草。有一天，比提發現吉卜林竟然在牧草地上劃了一畦花園區，整個人氣得面紅耳赤，但吉卜林不甘示弱，回嘴反擊，雙方氣氛劍拔弩張。

幾天後，吉卜林騎著自行車上路，比提突然駕著四輪馬車竄出來，逼得吉卜林狼狽地摔了一跤。這位曾寫過「假如舉世倉皇失措，責怪於你，你卻能保持鎮靜」的詩人，此時大發雷霆，立誓要送比提去吃牢飯！一場轟動社會的審訊隨之揭幕，全美各大報記者如潮水般湧進這個小鎮，這起新聞很快就傳遍全世界。

這起事件最終沒有定論，卻導致吉卜林夫妻從此遠離美國家園，而這一切憂慮與苦痛的起源，不過就是一堆無足輕重的乾草。

兩千四百年前，古希臘政治家培里克利斯（Pericles）曾說：**「諸位，我們為瑣事糾結太久了！」真是一針見血！我們都一樣。**

甲蟲能掏空神木，瑣事也能啃噬巨大的心靈

美國傳教士哈利・富士迪克（Harry Emerson Fosdick）博士曾講述一則非常有趣的「神木」存亡故事。

科羅拉多州的朗斯峰（Longs Peak）上有一棵枯死的神木，自然學家判斷它已經屹立約莫四百年。當發現美洲大陸的哥倫布在中美洲城市聖薩爾瓦多登陸時，它僅是一株幼苗；當英國新教徒在美國麻州普利茅斯市定居時，它正在茁壯成長。在漫長的生命中，這棵神木挺過十四次雷電重擊，即使四百年來迎戰無數回狂風暴雨也不曾倒下，頑強地矗立，最後卻因一支甲蟲兵團夜以繼日地啃食而死，轟然倒地。這群小蟲從樹皮開始啃，以微小的力量綿密不斷地日夜攻擊，終於掏空神木內部的莖幹。這棵連四百年漫長歲月、無情風霜都征服不了的神木，就這樣在甲蟲兵團面前頹然傾倒。然而，這些甲蟲事實上弱不禁風，只消兩指輕輕一掐就捏扁了。

我們自己不也像這棵大樹嗎？**我們不也是努力設法熬過生命中的狂風暴雨、雪崩一般的生活重擔以及閃電交加的意外，最終卻任由憂慮這支甲蟲軍團一點一滴地啃噬我們的內心？事實上憂慮如此弱不禁風，兩指輕輕一掐就可以捏扁了。**

幾年前，我與懷俄明州高速公路負責人查爾斯・賽佛（Charles Seifred）以及幾名朋友驅車赴提頓國家公園（Teton National Park）旅遊，當時我們正前往參觀石油大亨洛克菲勒位於公園內的宅邸。不過我搭的那輛車轉錯彎，結果迷路了，花了許久才開到宅邸入口。此時距離另一輛車抵達宅邸大門已經過了一小時。賽佛先生也手持大門鑰匙，站在炎熱、蚊蠅為患的室外苦等了一個小時。不過滿天蚊蠅也無法征服安之若素的查爾斯・賽佛。他在等待的同時隨手折下一小段樹枝，然後做成哨子。當我們終

於開進車道，是否會見到他連連咒罵吸血蚊蠅呢？那可不，他正自得其樂地吹著哨子。我將這支哨子留下來當作紀念品，提醒自己，有這麼一個人深諳如何不為瑣事煩心。

卡內基快樂學 07

轉換視角、保持玩心，千萬別為小事大動肝火！

- 若你想戰勝憂慮，請力行以下法則：
  且讓我們不為理當看不上眼、轉眼即忘的小事生氣。請謹記：「人生苦短，別為小事抓狂。」

- 多數情況下，若想戰勝煩人瑣事，該做的事就是轉移焦點，也就是在心中設定一個全新、豁達的視角。

- 甲蟲可以掏空神木，惱人瑣事也可以掏空心靈，請向不怕大熱天的查爾斯．賽佛學習，隨時保持怡然自得的玩心。

CHAPTER 8

用「平均法則」掃去九十%擔憂

只有一途通往幸福，那就是，停止憂心我們意願與能力不及的所有事情。

——古羅馬哲學家愛比克泰德（Epictetus）

檢視憂慮合理性，排除九十%的擔憂

我從小在密蘇里州的農場長大，有一天我正在幫家母採摘櫻桃，突然放聲大哭。家母說：「戴爾，你到底在哭個什麼勁啊？」我抽抽噎噎地說：「我怕會被活埋！」

從小我就容易杞人憂天。每逢雷雨交加的日子，我就擔心會被閃電劈死；每逢農作歉收的日子，我就擔心會沒飯吃；我也擔心哪一天死掉會下地獄；有個年紀比我大的男生威脅要割掉我的雙耳，我很怕哪天他真的會動手；我一想到自己對著女生脫帽致意可能會被當成活生生的笑話，就擔心得要命；因此就更擔心，萬一根本沒有女生想要嫁給我怎麼辦；或者我娶到老婆了，卻為了到底要跟她聊些什麼傷透腦筋；我想像我們會在一間鄉村教堂結婚，然後坐上車頂綴飾著掛穗的四輪馬車回到農莊……然而，這一路上我該如何打開話匣子，才能跟對方聊到欲罷不能？到底該怎麼做？我在犁田時反覆想著這些驚天動地的問題。

隨著我的年紀漸長，這才慢慢發現，我所想像的這些事九十九％從未發生。舉例來說，正如前述，我怕閃電怕得要死，但是現在我知道，美國國家安全協會（National Safety Council）公布的統計資料顯示，任一年裡，我因雷擊身亡的機率僅有三十五萬分之一。

我對於被活埋的恐懼就顯得更荒唐了。統計顯示，每八個人當中就有一個人死於癌症。要是我真的非得擔憂什麼事的話，反倒應該擔心癌症勝過雷劈或活埋。

的確，我剛剛提到的故事就是所謂「少年不識愁滋味」，不過，其實許多成年人的憂慮也幾乎一樣滑稽。現在，如果我們能夠根據「平均法則」（law of averages）判斷自己的憂慮是否具備合理性，或許就能排除九十％的擔憂。

人人都有庸人自擾的毛病，但擔憂之事其實很少成真，全世界最知名的保險公司倫敦勞合社（Lloyd's of London）便看準這一點大賺特賺。**倫敦勞合社賭人們窮擔心的災難永遠不會發生，於是巧妙避用「賭博」兩個字，美其名稱為「保險」。不過，這門生意實際上就是基於平均法則下注。**兩百年來，這家龐大的保險集團日益強大，除非人性突然改變，否則這家為鞋履、船舶和封口蠟作保的集團應該還會繼續呼風喚雨五千年吧。人們就是會擔心這些貨物可能出什麼狀況，但事實上災難發生的機率遠低於我們預想的程度。

如果我們以平均法則來分析憂慮，最終發現的事實常常會讓我們驚訝不已。舉例來說，如果我知道自己五年後必須赴前線參與一場有如蓋茲堡之役（Battle of Gettysburg）一樣血流成河的戰爭，肯定會嚇得屁滾尿流，然後我會買下所有買得起的人壽保險，寫好遺囑，再把所有後事交代清楚。我會說：

「我可能熬不過這場戰爭，所以我得好好過完剩下的這幾年。但根據平均法則所示，五十至五十五歲的族群在和平時期面臨的風險，事實上就和戰死在蓋茲堡之役的機率一樣高。

我試圖說明的重點在於：**五十歲至五十五歲的族群在和平時期的死亡率，就和十六萬三千名蓋茲堡之役參戰士兵的死亡率一樣高。**

使用「平均法則」擺脫擔憂煉獄

有個夏天我在加拿大留宿，巧遇舊金山來的沙林傑（Salinger）夫婦。沙林傑夫人是一名氣質婉約的女性，總給我一種不知煩憂為何物的印象。有天傍晚，我們閒坐在火光熠熠的壁爐前，我趁機問她是否曾為任何煩憂困擾。她回答：

對於煩憂感到困擾嗎？我的人生曾經幾乎被它毀了。在我學會克服煩憂之前，整整十一年都活在自己打造出來的煉獄中，每天都急躁易怒，動不動就抓狂。我總是處於神經超級緊繃的狀態。當時我每星期都會搭公車去舊金山購物，但就連購物時都會緊張不安——很可能我出門前忘了關電熨斗，結果電線走火把整個家給燒了；很可能保母蹺班把小孩丟在家裡，然後他們跑出去騎腳踏車，結果不小心被車撞到。我在購物的過程中，經常會把自己嚇得冷汗直流，於是匆匆離去，搭公車回家查看是不是一切完好如初。難怪我的第一場婚姻以災難告終。

我第二任丈夫是律師，沉默寡言、善於分析，而且從來就不會杞人憂天。每當我一開始緊張、焦慮，他就會對我說：「放輕鬆。我們來把事情梳理清楚……你實際上在擔憂什麼？我們檢視一下平均法則，看看發生的機率有多高。」

舉例來說，有一次我們開車途中遇到狂風暴雨，一路盡是泥濘。車子不斷打滑、蜿蜒蛇行，幾乎無法控制。我當時很確定車子就快要翻覆掉進路旁的水溝裡了。但是我先生卻不斷安慰我：「我開得很慢，不會有事啦。就算車子不小心打滑掉進水溝裡，依據平均法則來看，我們也不會因此受傷。」他的冷靜和自信馬上讓我平靜下來。

還有一年夏天，我們去露營。有一晚，我們在海拔兩千一百三十公尺處宿營卻遇到暴風雪，狂風幾乎快把我們的帳篷給拆成碎片。帳篷繩索緊繫在木樁上，外帳卻在狂風中亂舞，發出可怕的劈啪聲，每一分鐘我都覺得這頂帳篷就要被捲上天空，再狠狠摔下地。我怕得要命！但我的先生不停安撫我：「親愛的，聽我說。我們的行程是按照布魯斯特（Brewster）家族建議的指南規畫，他們很清楚自己在寫些什麼，畢竟布魯斯特家族在這座山裡經辦宿營生意已經六十年了，所以這頂帳篷紮釘在這裡也已經挺過無數個季節，但一直都沒有被吹倒啊，依據平均法則來看，也不會那麼湊巧在今晚就被吹倒。就算倒楣被吹倒好了，我們還可以躲進另一頂帳篷遮風避雨。所以，你就放輕鬆一點吧。」然後我就真的放輕鬆了，整晚睡得很安穩。

「根據平均法則來看，這種事不會發生。」這句話掃除我心中九十%的憂慮，讓我在這二十年來生活美滿又平靜，遠超過我的期待。

擔心意外發生時，請想想實際發生的機率

有人說，**我們所有的憂慮和不快樂幾乎都源於自己想像出來的情節，而非現實**。當我回顧過去幾十年的人生，恰恰印證這句話。吉姆．葛蘭特（Jim Grant）是紐約市詹姆士．葛蘭特分銷公司（James A. Grant Distributing Company）的老闆，他說自己也有相同體驗。以前，他在每次向佛羅里達州預定十至十五車柳橙和葡萄柚之後，就會開始被以下念頭折磨：要是火車發生事故怎麼辦？我的水果會不會在鄉下滿地滾落？要是火車過橋時剛好遇上大橋崩垮怎麼辦？當然，這些水果都有保險，但他擔心的是如果不能如期發貨，整個市場很可能就全被對手吃走了。他每天煩憂不已，結果得了胃潰瘍，只得去求診。醫師說他身體沒什麼大礙，就只是想太多。吉姆．葛蘭特說：

到了這時我才恍然大悟，開始自問：「拜託，吉姆．葛蘭特，過去這些年來，你經手處理過幾車水果？」接著我自答：「大約二萬五千車。」然後我又問：「其中有幾車出事？」答案是：「喔，大概五車吧。」最後我對自己說：「二萬五千車裡面只有五車出包？你知道這代表什麼意思嗎？相當於機率只有五千分之一！換句話說，根據經驗累積的平均法則來看，每五千車的出事機率只有一輛。那你是窮擔心個什麼勁啊？」

我接著又想：「但是，橋身有可能崩垮啊！」不過我再自問：「那你的車實際上遇過幾次橋身崩垮？」答案是：「零。」**因此我對自己說：「你成天擔心一座從來就沒有崩垮過的大橋斷掉，擔心一場每五千車只會有一車出事的意外發生，而且還想到罹患胃潰瘍，你不覺得自己很像白痴嗎？」**

當我往這個方向一路想下去，我覺得自己真的很蠢，於是當下決定從此把憂慮都丟到平均法則頭

上。結果從此以後我再也沒有胃潰瘍的困擾了。到現在都不曾再發作！

美國海軍也採用平均法則的統計數據激勵軍隊的士氣。一名退伍海軍士兵告訴我，當他和同船夥伴被分配到載滿高純度汽油的油船上執勤時，大家都嚇得手腳發軟，悲觀地相信一旦這艘油船被魚雷擊中，肯定是大爆炸，一舉將所有人送上天堂。

不過美國海軍知道實情並非如此，所以特地發布精確的統計數字，顯示每一百艘被魚雷擊中的油船中，有六十艘繼續挺在海面上，而其餘四十艘雖然沉入海中，但只有五艘在十分鐘之內沒頂。這不僅意味著他們有時間逃生，也代表傷亡人數其實極低。這些數據有助於鼓舞士氣嗎？「我一聽完平均統計數據後，緊張情緒一掃而空，」住在明尼蘇達州聖保羅市的故事主人翁克萊德．馬斯（Clyde W. Maas）說，「全體士兵都大大鬆了一口氣。我們知道，根據平均法則，送死的機率很低。」

卡內基快樂學 08

冷靜檢視發生機率，輕鬆消除90%憂懼！

- 若你想一掃憂慮，請時時自我提醒：「先檢查一下紀錄，根據平均法則，我在擔心的這件事發生的機率究竟有多高？」
- 請記住：我們所有的憂慮和不快樂幾乎都是自己想像出來的情節，而非現實。所以，根本沒必要擔心！
- 擔心意外發生時，請想想保險公司就是看準這點大賺特賺，可見發生機率有多低！

CHAPTER 9

坦然接受無可避免的結果

心甘情願地接受無可避免的結果。接受木已成舟才是克服任何不幸後果的第一步。

——美國心理學家威廉．詹姆斯

境遇不能決定快樂，心境才能決定

小時候，我和某個童年玩伴在密蘇里州西北一座廢棄舊木屋的閣樓玩耍，當時我先從閣樓爬下來，雙腳踩在窗台上休息一下，然後就直接跳下去。我的左手食指原本戴著一枚戒指，跳下來時，戒指碰巧鉤在釘子上，結果硬生生把我的手指扯斷了。

當下我整個人都嚇傻了，尖聲大哭，一心想著自己快要死了。不過等手傷痊癒後，我再也沒有為這件事憂慮過一秒鐘。因為，再多想又有什麼用呢？我接受無可避免的結果。

現在，一個月裡我也難得有一次想起自己左手少了一根手指的事實。

如果我們必須接受某種情況，其實幾乎都可以立即辦到，而且還能自我調整、適度遺忘。這一點或許有些出人意料。

我經常想起鐫刻在荷蘭阿姆斯特丹市一座十五世紀教堂遺址上的銘文：「**木已成舟，別無可能。**」

我們都已走過數十年人生，未來仍將面對許多不如人意的境況，無可避免。但我們仍有選擇權，若非選擇接受結果，安之若素，就是選擇繼續抗拒，搞砸自己的人生，最終甚至是在崩潰的狀態下結束一生。

我很欣賞的心理學家威廉．詹姆斯曾經提出這句睿智的忠告：「心甘情願地接受無可避免的結果。接受木已成舟才是克服任何不幸後果的第一步。」

「木已成舟，別無可能。」但這不是一個容易學會的人生課題，即使是位高權重的君王也必須時時自我提醒。英國喬治五世（George V）曾經將以下這句話裱框起來，掛在白金漢宮書房的牆上：「請教我不要妄想海底撈月，也不為打翻的牛奶流淚。」德國哲學家亞瑟．叔本華（Arthur Schopenhauer）也曾經提出類似的思想：「在人生旅程中，學會相當程度的放棄至關重要。」

顯然，**單是境遇並不能影響我們快樂與否，如何因應才是決定感受的關鍵。耶穌曾說，天堂就在你心深處。地獄亦然。**

事實上，我們都有能力戰勝災難與悲劇。我們可能會自覺辦不到，但所有人其實都具備驚人的內在力量，只要善加運用，內在力量就能看顧自己走過困境。我們遠比自己所知道的更堅強。

失明不悲慘，無法承受失明之實的人才悲慘

美國小說家布斯．泰金頓（Booth Tarkington）總是說：「我可以接受生活加諸於我的任何狀況，唯獨一件事例外——失明。我絕對無法忍受失明。」

但是泰金頓在年過六旬後，卻發現往下看著地毯時已經看不清楚上頭的圖案，顏色也全部模糊成一片，根本無法分辨。他求助眼科醫師，聽到悲劇般的事實：他的視力正漸漸退化，其中一眼近乎全盲，另一眼則是緊隨在後。他最害怕的悲劇竟然成真了。

泰金頓如何應付「人生最慘莫過於此」的困境？他是否覺得「完了！我的人生從此沒有希望」？完全不是這樣，他自己也覺得很妙的是，他竟然愉悅地接受現狀，甚至還能幽默自嘲。他飽受「滿天飛蚊」困擾，因為這些黑影總是在眼前游來游去，遮住他的視線。但是當最大塊的黑影漂游過眼前時，他還會開玩笑說：「哈囉，老頭子又來了！我真想知道，在這個美好的早晨他打算要去哪裡呢？」

命運不可能擊倒如此健全的靈魂。當泰金頓的雙眼全盲，他說：「我發現我可以承受雙眼失明的結果，就像人人都能夠承受各種狀況。要是我從此失去五感知覺，我知道自己還是可以依靠內心力量活下去。無論我們是否已經領悟，事實上，我們都是用心靈看世界、靠心靈過生活。」

泰金頓為了恢復視力，一年內必須動刀超過十二次，而且還只能接受局部麻醉。他可曾怨天尤人？**他知道事情就是得這麼做，也知道這一步無可避免，所以唯一能減輕痛苦的做法就是優雅地接受現實**。他拒絕住進單人病房，選擇在普通病房與其他病患共住。他試圖鼓舞同房病友：每當他被送進手術室動刀時，都可以清楚地感受到器械如何在他的雙眼上移動，此時他會試著牢記自己其實很幸

運。「真是太神奇了！」他說，「這真的很神奇，現在科學竟然進步到可以在眼睛這麼精密的器官上動手術！」

假若一般人必須承受十二場手術及可能失明的風險，恐怕早就崩潰了，不過泰金頓說：「我不會拿這段遭遇與其他更快樂的經歷交換。」因為它教會他接受現實的道理，也教會他，生活中的任何遭遇都不會超過自己所能承受的極限，更教會他一項英國詩人約翰·米爾頓（John Milton）早就發現的事實：「失明不悲慘，無法承受失明之實的人才悲慘。」

成功人士的續航之道，就在於懂得停止煩憂

如果我們老是抱怨、反抗，心中就會充滿痛苦，但依舊無法改變既成事實，最終我們只能改變自己。我知道這一點是因為我曾經親身體會過。

我曾經在遭逢無可避免的境況時拒絕接受現實。我裝傻、我埋怨，而且我反抗，甚至徹夜無法成眠，為自己招來從來就不想要的種種境況，最後，我在自我折磨一年後，還是得接受一開始就心知絕不可能改變的現實。

只要我們還有一絲逆轉勝的機會，當然就要奮戰到底！但是，**當常識告訴我們大勢底定，再也無可挽回，那就請守住理智線，別再「瞻前顧後、躊躇不前，想望虛假幻影」**。

哥倫比亞大學霍克斯院長曾經告訴我，他的座右銘是英國民間童謠〈鵝媽媽〉（*Mother Goose*）中的這段話：

天底下每一種病
都可能有解藥，也可能無良方
要是有解藥，請找出它
若是無良方，請忘掉它

我在撰寫這本書期間採訪好幾位美國地位崇高的商界菁英，他們具備順應生命中無可避免的結果、引領生活遠離憂慮的能力，在我腦海中留下十分深刻的印象。要是他們不這樣做的話，大概年紀輕輕就已經理智斷線了吧。以下試舉幾道足以闡述我見所聞的例子：

全美連鎖百貨公司J．C．潘尼（J. C. Penney）的創辦人告訴我：「即使我最後落得身無分文也不會煩惱，因為我實在看不出來庸人自擾有什麼好處。我傾盡全力做好分內工作，結果如何就交給上天決定。」

亨利．福特也對我說過類似的話：「當我無法掌控事態，就放手任由它們自己掌控。」

當我請教車廠克萊斯勒（Chrysler corporation）前總裁凱勒（K. T. Keller）如何遠離煩憂時，他回答：「每當我接到燙手山芋時，要是還能做任何事改善情況，我就一定會去做；但如果我無能為力，就乾脆拋到腦後。我絕不煩憂未來，因為我知道世界上**沒有人可以預知未來會發生什麼事，畢竟四面八方盡是足以影響未來的力量！而且沒有人可以說明、甚至理解那些力量從何而來。既然這樣，幹麼還要窮擔心？**」雖然他不是哲人，只是個成功商人，不過他抱持的觀點恰巧和西元一世紀的古羅馬哲學家愛比克泰德如出一轍，他這樣教羅馬人：「**只有一途通往幸福，那就是，停止煩憂我們意願與能力不**

及的所有事情。」

法國女演員莎拉．伯恩哈特（Sarah Bernhardt）深諳「接受無可避免的結果」這層道理，可說是最佳女性代言人。半世紀以來，她一直活躍在各大洲的戲劇院舞台上，是當時全球最受歡迎的女演員。但是她在七十一歲時破產，生平積蓄蕩然無存；身兼巴黎教授的家庭醫師波吉（Pozzi）還在這時候告訴她有一條腿必須截肢。之前她搭船橫渡大西洋，途中遭遇暴風雨，不小心在甲板上摔倒，腿部嚴重受傷，引發靜脈炎，大腿因而日漸萎縮。她的大腿實在疼到忍無可忍，因此醫師才會判斷必須截肢才能保命，但他很害怕親口對這位脾氣火爆、動輒暴走的「女神莎拉」說起這項決定，深信這則可怕消息絕對會讓她變得歇斯底里。但是他完全猜錯了。莎拉只是看了他好一會兒，然後輕聲說：「要是真該這麼辦，那就這麼辦吧。」這就是命運。

莎拉．伯恩哈特復元之後，重新踏上全球巡演之路，這回她讓全球粉絲拜倒在她的石榴裙下長達七年。

學會吸收人生路上的顛簸，能幫助我們走得更遠

「當我們停止與無可避免的結果抗爭，」美國作家艾爾希．麥克米柯（Elsie MacCormick）說，「就能解放自身能量，用以開創更豐富的人生。」

沒有人擁有足夠的情感和精力，可以一邊對抗無可避免的結果，一邊還有餘裕開創嶄新人生。只能二擇一。面對無可避免的人生風暴，若不願順勢而為，你就只能奮戰到底，最終粉身碎骨！

柔術大師這樣教學員：「折腰如柳，勿強抗如橡。」

你覺得汽車輪胎為什麼可以在崎嶇道路上奔馳，而且還這麼堅固耐用？一開始，輪胎商試圖製造出能夠抵擋道路衝擊的堅硬產品，但這款輪胎很快就裂成碎片。之後，他們又嘗試研發能夠吸收道路衝擊的產品，並發現這款輪胎確實能耐受衝擊。**如果我們都學會吸收人生崎嶇道路上的衝擊與顛簸，就可以走得更長久、享受更平順的旅途。**

倘若我們全力抵抗而非吸收人生道路上的所有衝擊，會發生什麼事？要是我們拒絕「折腰如柳」，反而像橡樹一樣抵死反抗，又會如何？答案顯而易見。我們的內心自然會產生一連串衝突，然後開始憂心忡忡、緊張不安、倍感壓力、神經兮兮。

假使我們一意孤行，不願認同嚴酷的真實世界，縮回自己的幻想小天地，最終必將失去理智。

「試著輕鬆承受必擔之責吧。」這句話出現於西元前三百九十九年，然而當今這個處處焦慮的世界反而遠比過去更需要這句話。

多年來，我翻遍所有談論如何消除憂慮的書籍與雜誌，即使內文只是輕描淡寫帶過也不放過，而且還逐一拜讀……你想知道，我在所有關於憂慮的讀物中看過最實用的內容為何嗎？沒問題，我這就列在下方，不到五十字。我們都應該把這段文字貼在浴室鏡面上，這樣每次盥洗時就可以同時洗淨心上的所有煩憂。這句彌足珍貴的禱告文出自美國神學家萊因霍德．尼布爾（Reinhold Niebuhr）：

願上帝賜我平靜，接受我無法改變的事
願上帝賜我勇氣，改變我能改變的事
願上帝賜我智慧，明辨兩者的差異

卡內基快樂學 09

坦然接受、順勢而為，就是反轉逆境的開始！

- 面對無可避免的人生風暴，請坦然接受無可避免的結果。學會吸收人生路上的顛簸，將能幫助我們走得更遠。

- 唯一能減輕痛苦的做法就是優雅地接受現實。沒有人擁有足夠的情感和精力，可以一邊對抗無法改變之事，一邊還有餘裕開創嶄新人生。

- 千萬別為了無法改變之事苦苦掙扎，唯有拋下無謂煩惱，才能輕鬆前行。

CHAPTER 10

為負面情緒設定「停損點」

萬事萬物的代價就是我們生命的總值，若非當下立即交換而來，就是留待未來兌現。

——美國哲學作家亨利．梭羅

為負面情緒設立停損點，在人生裡大賺小賠

你想知道如何在華爾街一夕致富嗎？事實上，每個人都想知道。我要是知道答案，這本書的銷量應該馬上一飛沖天了。不過，成功的操盤經理人確實都有一些獨門心法，投資顧問查爾斯．羅伯茲（Charles Roberts）告訴我的故事就是一例：

最初我從德州來到紐約，口袋裡只有朋友集資託付我投資股市的兩萬美元，我以為自己很懂股市遊戲規則，豈知最後全部賠光光。沒錯，我深信某幾支股票將會賺到大錢，最終卻是賠得一蹋糊塗。自己的錢玩完了，我不是很在意，但是連朋友的錢都有去無回，我就很過意不去了，就算他們負

擔得起損失也一樣。我們的投資事業泡湯後，我實在是沒臉再見他們，然而，令我驚訝的是，他們不但輸得起，而且還超級樂觀。

我知道自己的投資就像亂槍打鳥，基本上就只是中或不中兩種結果，所以很大部分是靠運氣，再不然就是其他人的股市評論。說穿了，我是「靠順風耳在玩股票」。

我開始反思自己的失誤，決心在重返股市之前先搞清楚它的本質。我在尋找答案的期間結識史上最成功的投機客之一伯頓．凱索斯（Burton S. Castles），他長期享有年年保持豐碩戰果的盛名，而且這種成績絕非單憑機率或好運。我相信自己可以從他身上學到許多寶貴經驗。

他根據我以前的交易方式提出幾項問題，然後告訴我一道至關重要的交易法則。他說：「我的每一樁買賣都會設定停損點。好比我買進一股五十美元的股票，立刻就會設定停損點是四十五美元。」意思是，一旦這支股票下跌五美元，系統就會自動賣出，將損失限縮在五美元內。

這位老練的投資大師繼續說：「如果你最初的進場時機比較明智，你的獲利可能會漲到十美元、二十五美元，甚至是五十美元。結果是，你只要能將損失限縮在五美元內，即使超過半數股票小賠，最後還是很有可能賺進暴利。」

我立即採納他建議的原則，並且沿用至今。它為我和我的客戶省下上千、上萬美元損失。

過了一段時間，我也慢慢想通，**停損點法則除了股市適用，在其他方面也合用。我開始為財務領域以外的煩憂心事設下停損點，以此處理每一種使我生氣、憤恨的壞事。成果真的很神奇。**

舉例來說，我經常與一位以遲到出名的朋友共進午餐，以前他總是讓我等到午餐時間都過了一半才姍姍來遲。最後我告訴他，這件煩心瑣事已經設定好停損點。我說：「比爾，我等你的有效停損點是十分鐘。要是你超過了，我們的午餐約就直接取消，我馬上就會掉頭走人。」

哎呀，我真是的！**多麼希望自己幾年前就有這種意識，可以為我的沒耐性、壞脾氣、好辯天性、遺憾與身心壓力設定各種停損點。設立停損點可以為各種威脅破壞內心和平的狀況拿捏分寸，**為何我竟然沒有想過？我早就可以對自己說：「欸，戴爾．卡內基，你發牢騷也發夠了，該消停了吧？」為什麼我從來不曾這樣做？

請將失敗化為寶貴經驗，而非天價成本

我在某次關鍵時刻也曾表現到位。那起事件堪稱人生一大危機，當時我幾乎是眼睜睜看著自己的未來夢想與計畫，以及多年來的心血與創作人間蒸發。這段經歷的始末如下：

我三十出頭歲時就決定，下半輩子都要用來寫小說，成為美國小說家法蘭克．諾里斯（Frank Norris）、傑克．倫敦（Jack London），或英國小說家湯瑪士．哈代（Thomas Hardy）第二。我一心想玩真的，於是花兩年旅居歐洲，打算省吃儉用過日子。當時正值一戰期間，歐洲政府瘋狂印鈔，因此美元在當地很好用。在那兩年裡，我完成自詡為巨著的作品，命名為《暴風雪》（*The Blizzard*）。這真是渾然天成的白痴書名，因為所有出版社的回應確實都冷漠到令人結冰，就像橫掃美國的暴風雪一樣寒徹骨。當文學經紀人告訴我這本書毫無可讀性，而且我沒有寫作天分和敘事才華時，我的大腦瞬間當機。我茫然無措地離開經紀人的辦公室，當時就算他舉棍狠狠敲向我的腦袋，我也不會更驚愕了。我全然麻木無感，但清楚意識到自己正站在人生的十字路口，必須做出至關重要的決定。我究竟該怎麼

辦？我該如何轉換跑道？我就這樣恍恍惚惚地混了好幾個星期。當時我還不曾聽聞「為憂慮設下停損點」的說法，但如今回頭看來，我發現自己那時正好就是這麼做的。**我把過去兩年埋頭苦寫的這本小說當作一場寶貴實驗，既然它如今已變成呆帳，乾脆一筆勾消。然後我從這條起跑線東山再起。**我重操舊業，籌組並教授成人教育課程，閒暇之餘則是撰寫傳記和紀實文學作品，好比你正在閱讀的這一本。

幸虧我當初放棄了，現在才能過得如此開心，不止如此，每次我一想到這幕往事就樂得只想跑上大街手舞足蹈！我可以坦白告訴你，從那一刻起，我從來就沒有為了自己當不成湯瑪士．哈代第二的事實悲嘆過一天或甚至一小時。

十九世紀某一晚，貓頭鷹在華頓湖畔的叢林中發出尖嚎時，亨利．梭羅拿起鵝毛筆蘸了一下自製墨水，然後在日記裡寫下這句話：「萬事萬物的代價就是我們生命的總值，若非當下立即交換而來，就是留待未來兌現。」

轉換成白話說法就是：**我們為了某件事付出像大把寶貴人生這樣的天價成本，難道不是傻瓜嗎？**

放下憎恨，別用心靈平靜換痛苦回憶

英國劇作家W．S．吉伯特（W. S. Gilbert）與亞瑟．蘇利文（Arthur Sullivan）深諳如何創造美妙文句與音樂，卻不懂如何為自己的生活製造歡樂，讓人看得直搖頭。他們創作出許多膾炙人口的輕歌劇

（operetta）作品，卻不懂得收斂脾氣，為了區區一張地毯的價格記恨對方好幾年！當時蘇利文為兩人合資收購的戲院訂購一張新地毯，吉伯特看到帳單後卻氣得怒髮衝冠。他們纏訟數年，餘生再也不曾和對方說過一句話。當蘇利文希望為新作編曲時，他就寫信給吉伯特：輪到後者填詞時也如法炮製。有一次他們同台謝幕，硬是分別站在舞台兩端，背對彼此向觀眾鞠躬致意，就只是為了避免對上眼。說起為憎恨設定停損點的功力，他們倆完全比不上美國前總統亞伯拉罕．林肯（Abraham Lincoln）。

美國內戰期間，林肯的朋友曾大肆抨擊可惡的宿敵，林肯卻說：「你心中的個人仇恨比我多。或許我是太無感了，不過我從來就不覺得這樣做值得。**我們沒必要把人生一半時間都浪費在爭執之上。要是任何人停止攻擊我，我絕對不再記恨。**」

我真希望我的伯母也有林肯這種一笑泯恩仇的功力。依蒂絲伯母和法蘭克伯父抵押了自家的農場，這塊地就像是被下了詛咒一樣，雜草叢生、土地貧瘠，而且處處是溝渠。他們的生活艱難，每一分錢都得花在刀口上。不過伯母很喜歡買窗簾布等小飾物，試圖把寒傖的屋舍打點得好看一些。她常在門市賒帳買下這些昂貴小物，這讓伯父很擔心欠下大筆鉅款。他具備農夫害怕積欠債務的恐懼天性，所以私下請店主丹．艾佛索別再同意他的妻子賒帳購物了。伯母知道這件事後氣得火冒三丈，這股火氣甚至一路燒了五十年都沒熄過，而且三不五時就要舊事重提，連我都不止聽過一、兩遍。上次我們見面時她已近八十歲，我對她說：「伯母，伯父讓你丟臉確實是他不對，但是你捫心自問，難道你抱怨五十年至今不比他更過分嗎？」（我也很可能是在多費唇舌。）

伯母**為這些痛苦的回憶付出天價成本，那就是她的心靈平靜。**

認清代價，大膽對自己說：「夠了！」

美國開國元勛班傑明．富蘭克林七歲時曾做過一樁蠢事，此後銘記七十年。當時他迷上一支哨子，興奮到衝進玩具店，把所有銅板丟在櫃台上指名買下，連價錢都忘了問。「後來我回到家，」七十年後，他在寫給友人的信中回憶，「吹著哨子滿屋子跑，高興得不得了。」可是，當他的兄姊知道他竟然為了這支哨子花了很多冤枉錢時，全都笑到肚子痛，於是他「惱羞成怒地放聲大哭」。

多年後，富蘭克林成為全球知名人物，擔任美國駐法大使，但依舊忘不了自己曾為一支哨子多花冤枉錢的糗事，還說「這支哨子帶給他的懊悔遠多於快樂」。

然而，這個經驗教會富蘭克林寶貴的一課，「我長大後，」他說，「接觸到更寬闊的世界，觀察到更多人的行為，一路上遇到許多像我一樣為哨子花了大把冤枉錢的人。簡單來說，我認為，**人類大部分的苦惱源於他們錯誤地認知事物本身的價值，才會為哨子花費大把冤枉錢。**」

吉伯特與蘇利文同樣為他們的哨子花了大把冤枉錢，依蒂絲伯母也是，就連戴爾．卡內基也不例外，次數多到數不清。名留青史的俄國大文豪列夫．托爾斯泰（Leo Tolstoy）儘管寫下《戰爭與和平》（*War and Peace*）、《安娜．卡列尼娜》（*Anna Karenina*）這兩部經典世界名著，卻也曾經犯傻。

托爾斯泰娶了他深愛的女孩。事實上，他們的生活幸福美滿，因此經常跪地祈求上帝讓他們這一生都能常保這股神聖而璀璨的喜悅。不過，托爾斯泰的妻子天性善妒，曾經喬裝成農婦監視他的一舉一動，甚至還尾隨他走入林中。他們為此爭吵，卻只是加劇她的嫉妒心，就連自己的兒女都不放過。有一次，她在衝動之下抓起一把槍，將女兒的照片打出一個洞；還有一次，她拿起鴉片罐滿地打滾，威脅要服毒自盡。兒女們抱成一團，窩在牆角瑟瑟發抖、害怕得大聲尖叫。

那托爾斯泰怎麼做？老實說，要是他氣到把家具都砸爛，我也不怪他，畢竟他有絕佳的理由。但是他反而做出最糟糕的行徑，他偷偷寫日記，在日記裡毫無保留地責怪妻子的不是！這就是他的「哨子」！他打定主意不讓後人有責怪他的餘地，所以把過錯全都推到妻子身上。他的妻子知道以後，當然是撕下這幾頁日記放火燒掉。隨後她也開始寫自己的日記，並把托爾斯泰描繪成大惡棍。她甚至出版一本小說名為《誰的錯？》（*Whose Fault?*），把丈夫醜化成殘暴惡魔，自己則是殉道者。

為何這對怨偶親手把唯一的家摧殘成托爾斯泰口中的「瘋人院」？其中一個原因顯而易見，那就是他們太熱切渴望在後人的心中留下完美形象。沒錯，**我們這些後人的觀感竟然成為他們擔憂的重點！難道我們會隨他們下地獄，喝斥其中一人大錯特錯嗎？當然不會啊，我們光忙自己的生活就焦頭爛額了，哪來的美國時間去管他們的家務事？**這對悲慘的夫妻為了他們的「哨子」付出了天價成本！他們一起在名副其實的地獄共同生活五十年，只是因為誰也沒有想到要喊停！他們都沒有足夠的判斷力說出：「**讓我們為這件失控的蠢事設下停損點。我們一直在浪費生命。現在，讓我們說『夠了！』**。」

沒錯，我真誠地相信，保持內心平和的關鍵祕訣之一是正確的價值觀；我也相信，只要能夠發展出一套個人的黃金標準，明確定義人生中哪些事具備真正的價值，我們就可以立刻殲滅一半憂慮。

卡內基快樂學 10

為憂慮設下「停損點」，不怕被負面情緒綁架！

每當負面情緒來襲，即將害你白走一大段冤枉路時，請暫時停下腳步，自問以下三個問題：

- 問題一：我正在擔憂的事情，實際上究竟對我有多重要？
- 問題二：我該擔憂到什麼地步，然後就設下「停損點」，從此將它拋在腦後？
- 問題三：我到底應該為這支「哨子」付出多少成本？我已經付出太多冤枉成本了嗎？

CHAPTER 11

放下不可改變的過去，著眼可開創的未來

智者絕不會坐著哀悼損失，反而會快活地尋求減輕傷害之道。

——英國文豪莎士比亞

「過去」無法改變，只能在未來修正

我在寫下這句話時，抬頭望向窗外的花園，看見了嵌在頁岩與石面上的恐龍足跡。這些恐龍足跡化石是我向耶魯大學的皮巴德博物館（Peabody Museum）收購而來，當時館長還附上一封信給我，說明這些足跡留下印記的時間是在一億八千萬年前。就算是傻瓜都不會奢望能回到一億八千萬年前改變這些足跡，那麼我們憂心無法回頭改變一百八十秒之前發生過的事，不是更傻嗎？然而，我們多數人就是如此愚蠢。的確，我們或許可以試圖修正一百八十秒之前發生過的事，但不可能讓它從頭來過。

你若還想讓過去的事發揮建設性，只有一途可走，那就是冷靜分析過去的錯誤，從中學到教訓，然後就從此揮別它們。

我很清楚這項事實，但我是否每一次都能拿出足夠的勇氣與智慧這麼做？請容我回顧一則三十年前的親身經歷來回答這項問題，當時我眼睜睜看著三十萬美元從指縫中流逝，連一毛錢也沒賺到。

故事始末如下：

我開辦一家成人教育的大型企業，業務不僅拓展到越來越多城市，而且針對日常管理與廣告行銷猛砸大錢。我自己光是教學就忙得團團轉，因此沒時間也沒興趣緊盯財務報表。我甚至天真到不曉得要請一名精明又有商業頭腦的經理人來幫我管控費用。

約莫過了一年，一項驚人事實讓我清醒過來——我發現，儘管公司業務蒸蒸日上，我們卻完全沒有獲利。我理當立即採取兩道措施。首先，我應該仿效美國教育學家喬治．華盛頓．卡佛（George Washington Carver）看得開的智慧。當年他往來的銀行倒閉，畢生積蓄四萬美元就這樣消失，當旁人問起他是否知道自己破產，他只說：「知道，我聽說了。」便回頭繼續過著執教鞭的日子。他將這項損失從心頭完全抹去，從此不曾再提起。

我應該採取的第二道措施是：**分析自己的過失，從中汲取寶貴的教訓**。

然而，這兩件事我都沒做到；反之，我喪志、陷入憂慮，好幾個月都過得渾渾噩噩。我夜不成眠、體重直線掉落。我非但沒有從自己犯下的天大錯誤中學到教訓，甚至還執迷不悟，重蹈覆轍！

我在此承認當年的種種愚蠢行為實在難堪，不過很早以前我就發現：「教二十名學生什麼是應該實踐的善行，遠比自己身為二十名學生之一，去實踐別人教你怎麼做來得容易多了。」

不實踐聽過的道理，真理就只是句諺語

我多麼希望年少時期曾有這份榮幸進入紐約的喬治．華盛頓高中（George Washington High School），受教於保羅．布蘭萬教授（Paul Brandwine）。他正是美國作家艾倫．桑德斯（Allen Saunders）的恩師，教會他最寶貴的一堂人生課程。桑德斯娓娓道來往事：

當年我大概十幾歲，但是那時候就已經是個小小憂慮人，動不動就為曾經犯過的錯誤自責。每次考試交卷後就會睡不著覺，總是因為擔心不及格整晚啃指甲。我不停反覆回想自己做過的事，妄想自己當初可以做得更漂亮；也一直回想自己說過什麼話，胡思亂想當初可以說得更中聽。

有一天早晨，全班同學湧進科學實驗室，保羅．布蘭萬教授已經在裡面，一瓶鮮奶正放在講桌邊緣。我們就座後全都盯著那瓶鮮奶，納悶它和上課內容有什麼關係。接著，布蘭萬教授突然站起身，大手一揮便將牛奶打翻，讓瓶子掉進水槽，一邊大聲說：「不要為打翻的牛奶哭泣！」

隨後他叫我們全部走到水槽邊，看著牛奶瓶碎片。「看仔細了，」他對我們說，「因為我希望你們在往後的人生永遠記住這堂課。牛奶流光了，你們可以看到它已流下排水孔。就算你對著全世界大發牢騷、扯光頭髮，也救不回一滴牛奶；除非事前多想一步、做好預防措施，才有可能保得住。但是，**現在說什麼都太晚了，我們能做的就是忘掉這件事，讓它一筆勾消，然後專心做好下一件事。**」

這場簡短的實戰教學，一直銘刻在我心頭，它教會我的人生道理，遠比四年高中生活學到的任何學問更重要。我從此謹記：**如果可以，避免打翻牛奶瓶；一旦打翻流光，那就徹底忘記它。**

有些讀者看到我拿「不要為打翻的牛奶哭泣」或「覆水難收」這類老生常談大作文章，可能會忍不住嗤之以鼻。我知道它們是司空見慣的陳腔濫調，也知道你可能聽到耳朵都快要長繭了；不過，我更知道這些老諺語傳遞著世世代代去蕪存菁的純粹智慧，它們都是人類經歷過生活試煉萃取而成的寶貴經驗，經由無數世代傳承至今。要是你遍覽歷代偉大學者談及憂慮的著述就會知道，沒有什麼比「不要為打翻的牛奶哭泣」、「覆水難收」和「船到橋頭自然直」這些諺語更加言簡意賅且影響深遠。假如我們可以身體力行，而非嗤之以鼻，實際上也就不需要讀這本書了。事實上，倘若我們能夠實踐老諺語傳達的智慧，幾乎就能過上幸福美滿的生活。然而，**知識如果不活用就無法發揮力量，這本書的目的也不在於傳播新理念，而是提醒你原本就已經明白的道理，激勵你採取行動實踐**。

我一向很推崇《費城公報》（*Philadelphia Bulletin*）的編輯傅萊德．富勒．謝德（Fred Fuller Shedd），他是擅長運用新穎手法轉化古老真理的人才。有一回他對著大學畢業生演說，提問道：「你們當中有多少人刨過木頭？請舉手讓我們看看。」多數人都舉起了手。接著他又問：「你們當中有多少人刨過木屑？」這次沒人舉手。

「當然，你們不可能刨木屑！」謝德先生高聲說，「畢竟它都已經是木屑了啊！同理，往事也是如此。當你開始煩憂覆水難收的事情，其實就相當於在刨木屑。」

拳擊冠軍這樣面對逝去的生涯高峰

美國職棒大聯盟傳奇教頭康尼．梅克（Connie Mack）高齡八十一歲時，我問過他是否曾為輸掉的球賽煩憂。

「嗯，當然啊，我以前肯定會，」梅克告訴我，「但好幾年前我就擺脫這種蠢行了，我發現，這樣做一點幫助也沒有。一旦供水中斷，你就推不動石磨了。」

沒錯，**一旦供水中斷，你就推不動石磨，也無法將樹木鋸斷。不過，你至少可以撫平臉上的皺紋、醫治犯疼的胃潰瘍**。

有一年感恩節我與美國職業拳擊手傑克．鄧普西共進晚餐，他說起在重量級拳王爭奪戰輸給宿敵金恩．唐尼（Gene Tunney）的故事。自然地，那場比賽重擊他的自尊心。「在比賽過程中，」他告訴我，「我突然覺得自己真的是老了……在最後的第十回合結束之際，我還是站起身應戰，但最多也就只能做到這一步了。我不只鼻青臉腫，眼睛也幾乎張不開來……我看到裁判舉起金恩．唐尼的手宣布勝利……我再也不是世界冠軍了。我開始在雨中走下台，穿過人群回到我的更衣室。一路上有些人試著和我握手，有些人眼中含淚。

「一年後，我再度與唐尼對打，但依舊落敗。這次我徹頭徹尾玩完了。我很難完全不擔憂，但我對自己說：『我絕對不要活在過去，也不會為打翻的牛奶哭泣。我要咬緊牙關，挺過這次打擊。絕對不讓它把我打趴在地。』」

傑克．鄧普西說到做到。但怎麼做？**他是否會一再提醒自己：「我不會煩憂過去」？不會的，因為這樣只會逼自己不斷回憶過往。他接受失敗，並將它一筆勾銷，然後專注為未來做打算**。他在紐約百老匯大道經營傑克．鄧普西餐廳（Jack Dempsey Restaurant），也在五十七街開辦大北國飯店（Great Northern Hotel）；他推動職業拳擊賽，策劃拳擊表演賽；他忙著開展有建設性的事業，沒空也沒心思煩憂過去。「過去十年，我過得更好，」傑克．鄧普西說，「比我還是世界冠軍時更好。」

鄧普西先生告訴我，他讀過的書不多，所以他也不知道自己正在遵照英國文豪莎士比亞的建議過生活：「智者絕不會坐著哀悼損失，反而會快活地尋求減輕傷害之道。」

我閱讀歷史書籍與人物自傳，從中觀察故事主角在逆境中的求生術，有些人擺脫憂慮與悲劇、重建幸福人生的能力總是會讓我倍感震驚、深受激勵。

所以，我們何苦白流眼淚呢？當然，我們犯錯、做了荒唐事便會一直感到內疚，但就算這樣又如何？**即使是法國皇帝拿破崙，在所有的重要戰役中也有三分之一都敗北。我們的勝率或許不比他差！**畢竟，誰說得準呢？

卡內基快樂學 11

別為過去的失敗哀嘆，可開創的未來就在眼前！

- 即使是國王下令萬人齊力，也不可能讓過去重來，所以我們要謹記：不要刨木屑。
- 若還想讓過去的事發揮建設性，就要冷靜分析過去的錯誤，從中學到教訓，然後就從此揮別它們。
- 知識如果不活用就無法發揮力量，請實踐你原本就已明白的道理：「不要為打翻的牛奶哭泣」。
- 即使是法國皇帝拿破崙，在所有的重要戰役中也有三分之一都敗北。記住，你的勝率或許不比他差！

卡內基消除內耗心法 Part 3

成功人士這樣打破憂慮循環：設立停損點、保持建設性、放眼未來！

法則 1

保持忙碌，將憂慮掃出心門。採取建設性行動是用來對付「無中生有、胡思亂想」的最佳良方。

法則 2

別為小事抓狂。千萬不要容許生活中芝麻綠豆大的瑣事毀掉你的幸福。

法則 3

應用「平均法則」掃除心頭憂慮。請自問：「這件事發生的機率究竟有多高？」

法則 4

接受無可避免的結果。如果你知道某種後果已非你的能力可以改變或修正，請對自己說：「木已成舟，別無可能。」

法則 5

請為你的煩憂設定「停損點」。遇到煩心事，請決定它究竟值得你花多少時間焦慮，預設時間一過，就別再為它浪費更多光陰。

法則 6

把過去留在過去，不要刨木屑，著眼於可改變的未來。

Part 4

厚植內在力量的八堂必修課

Eight Ways To Cultivate A Mental Attitude That Will Bring You Peace And Happiness

我們的心理狀態對人生有著至關重要的影響，不僅會影響情緒和行為，還會影響身心健康。因此，想要提升自己的力量，首重培養內心的平靜與快樂，唯有學會自我調節情緒，才能找到專屬於你的幸福人生之路。以下各章將深入說明厚植內在力量的八道心法。

CHAPTER 12

時時留意心中所想，打造幸福心境

我們的思想決定我們的人生。

——羅馬帝國哲學家馬可．奧里略（Marcus Aurelius）

心理狀態對人生具有不可思議的影響力

幾年前，在一回廣播節目中，聽眾請我回答這個問題：「你這一生學到最重要的一課是什麼？」答案很簡單：至今我學到最關鍵的一課就是「想什麼，很重要」。倘若我知道你在想些什麼，就會知道你是什麼樣的人。我們的想法造就我們是什麼樣的人，我們的心態就是決定自身命運的未知因素，誠如愛默生所說：「人人都是自己每日所思所想的產物。」

如今我堅定不移地相信，我們必須面對的最大問題就是如何選擇正確的想法。事實上，這也幾乎是我們必須處理的唯一問題。如果我們辦得到，就等於是踏上解決所有問題的康莊大道。統治羅馬帝國的偉大哲學家馬可．奧里略以十二字箴言總結這個概念：「我們的思想決定我們的人生。」

沒錯，如果我們抱持正面想法，就會覺得快樂；反之就會備感悽慘。**倘若我們心懷恐懼，就會終日惶惶不安；要是我們悲觀思考，可能真的會自我應驗；假使我們老是覺得自己會失敗，那麼肯定會一敗塗地；若是我們耽溺於自憐，人人都會避之唯恐不及。**美國作家諾曼・文生・皮爾（Norman Vincent Peale）說：「你不是自己想像的模樣，而是自己思考的產物。」

我是在倡導養成一種樂天派的人生觀，好面對所有問題嗎？當然不是，人生沒有那麼簡單，不過我確實是在倡導一種以積極態度取代消極態度的理念。換句話說，我們必須關注自身問題，但不要煩憂。關注與煩憂之間有何差別？且讓我舉例說明。每次我穿越交通擁擠的紐約街頭，總是會關注周遭路況，但不會擔憂出事。**「關注」意指明白問題何在，冷靜地採取步驟解決問題；「煩憂」則是指鬼打牆似的在原地胡思亂想。**

我們的心理狀態甚至還會對身體力量產生難以置信的影響。知名英國心理學家J・A・海菲德（J. A. Hadfield）曾出版一本僅有五十四頁，但內容鞭辟入裡的輕薄小冊子《力量心理學》（*The Psychology of Power*），他在書中列舉一個驚人實例。「我請來三名受試者，」他寫道，「請他們抓緊握力計，然後從回報的數值推估心理暗示影響自身力量的程度。」他設計三種不同情境，然後請受試者使出最大的力量抓緊握力計。

首先，他測試正常的清醒情境下，三人的平均握力約為四十六公斤。

接著，他催眠三名受試者，暗示他們身體極端虛弱，只能握十三公斤的重量，也就是不到正常情境四十六公斤的三分之一。三名受試者裡面有一名是得過獎的拳擊手，但他在受到催眠後，馬上覺得自己的手臂「簡直像小嬰兒一般細瘦」。

到了第三次測試時，海菲德同樣在催眠的情境下告訴受試者，他們現在的體能極其強壯，可以抓握到六十五公斤。當他們的心智接收到這項身強力壯的積極指令，生理能力幾乎是瞬間暴增近五十%。

這就是心理狀態不可思議的影響力。

內心怎麼想，生活就會如我們所想

隨著年歲越大，我就越深信思想具有無與倫比的力量。多年來，我投身成人教育領域，很清楚男女老幼都有能力擺脫憂慮、恐懼與各種病痛，還可以藉由改變自身想法來改造自己的人生。我曾親眼目睹幾百回不可思議的人生大轉彎。正是因為看得太多了，也就不再為此大驚小怪。

我有一名學員就是活生生的例子，思想在他身上發揮出令人難以置信的改造力量。他曾經身心崩潰，而背後的原因是什麼呢？憂慮。這名學員告訴我：

我擔憂每一件事：我身形太瘦又狂掉髮；我沒有足夠的錢結婚，也可能當不成好爸爸；我害怕失去想娶回家的女孩；我擔心生活不如意、別人對我印象不佳，還疑心自己得了胃潰瘍。最後，我再也無心工作，只好辭職。隨著內心壓力與日俱增，我漸漸覺得自己像是一個沒有安全閥的壓力鍋，若是不趕快找到發洩的出口，就會承受不住而爆炸。我果然爆炸了。我希望上天不要讓你經歷這種身心崩潰的日子，但要是你曾經走過一遭就會知道，**沒有任何生理苦痛比得上這種心靈掙扎之苦**。

我崩潰得十分徹底，幾乎無法和家人正常交談。我無法控制自己的想法，成天只是擔驚受怕，即使是最細微的噪音都會讓我嚇得驚跳起來。我總是躲著其他人，還會毫無來由地大哭了。

每一天都是煎熬。我覺得所有人都遺棄我了，就連上帝也棄我不顧。當時我一心想著乾脆跳河算了。

不過後來我決定去佛州旅行，期盼轉換環境有助於自己好轉。在我踏上火車時，家父遞給我一封信，囑咐我一定要在抵達佛州以後才能打開來看。我在旅遊旺季造訪當地，因為訂不到飯店，只好租一間車庫當睡房。我想在邁阿密的貨輪上找一份工作，卻一直碰壁，所以整日都在海灘遊蕩。我在佛州的日子過得比在家裡還悽慘，於是打開家父給我的信，看看他想說些什麼。信中這樣寫：「兒子啊，現在你離家千里遠，但你感覺不到有何差別，對嗎？我能料到你的感受，因為你隨身帶著如今所有麻煩的源頭，那就是你自己。其實你的身心都沒有問題，也不是你今天的境遇在惡搞你，完全是你怎麼看待自己的處境所致。『因為他心怎樣思量，他為人就是怎樣。』兒子啊，一旦你體悟這層道理就回家來吧，因為你將會被治癒。」

家父的信完全惹毛我了。我想要的是憐憫，不是教誨，氣得決定死也不要回家。當晚，我走在邁阿密的小巷，不知不覺走進一間正在布道的教堂。反正我也沒有別的地方可去，便晃了進去，聽到這段布道詞：「**征服自己心靈的人，遠比攻下一座城池的人更強大**。」我坐在神聖的教堂中聽到這句話，想起家父的信正是寫著同樣的道理，心中堆積如山的痛苦頓時一掃而空。生平第一次，我終於可以清楚而明智地思考了。我明白自己以前真是個愚不可及的傻瓜。看清自己的本質讓我很是震驚：**這就是以前的我，想要改變全世界與所有人；但其實唯一需要改變的是觀照事物的焦點，也就是我的心智**。

隔天一早我就收拾行李回家；一星期後，我重返職場工作；四個月後，我娶了之前擔心會錯過的女孩。如今我們生了五名兒女，組成一個快樂的大家庭，無論物質上或精神上，老天爺都對我很好。在身心崩潰的期間，我是管理十八名下屬的小部門夜班工頭，現在我成為一家紙箱製造廠的主管，下轄超過四百五十名員工。我的生活變得更加充實且平和。我想，我現在已真切體會到人生的真諦。每當我感覺到憂慮即將來襲（一如憂慮滲入每個人生活的方式），就會告訴自己要校正焦點，一切都沒有出錯。

老實說，我很慶幸能走過理智斷線的那段日子，因為我吃盡苦頭才體會到，我們的思想影響自身心理與生理的能力有多麼強大。現在我可以引導思想為我所用，而非與我作對。現在我明白，家父當時說，不是外在環境加諸所有痛苦在我身上，而是我自己怎麼看待所有境況所致。這番話一語中的。一旦我豁然開朗，我就自癒了，而且不再為其所擾。」

這就是那位學員的親身經歷。

我堅信，**我們內心的平靜與生活中的喜悅並非取決於身在何處、擁有什麼，或者具備何種身分，而是全然取決於心態。相較之下，外在環境的影響微乎其微。**

即使你深陷困擾，也能發揮意志力來改變心境

三百年前，詩人米爾頓在失明後發現了這項真理：

心智，決定自身的所在，它可以
將天堂變為地獄，也可以化地獄為天堂

法國皇帝拿破崙和美國教育家海倫．凱勒（Helen Keller）都可說是米爾頓詩句的最佳寫照。拿破崙坐擁全天下男人渴望的一切：榮耀、權力與財富，被流放至聖赫倫那島（Saint Helena）時卻說：「我這一生快樂的日子不超過六天。」反之，雙目失明、雙耳失聰的海倫．凱勒卻宣稱：「我發現，人生真是何其美妙！」

若說年過半百的我這輩子真正學到了什麼重要的人生課題，那就是明白「**除了自己，沒有人可以為你帶來平靜。**」

我僅在此引述《愛默生隨筆》中的〈自助〉（*Self-Reliance*）一文結尾那膾炙人口的語句：「政治勝利、收租增加、恢復健康、老友重逢，或其他諸如此類的外部事件會提振你的精神，讓你想像美好生活就等在眼前。千萬別誤信，絕非如此。除了你自己，沒有人可以為你帶來平靜。」

羅馬時期偉大的斯多葛學派（Stoic）哲學家愛比克泰德曾經警告：**比起「身體的腫瘤和贅物」，我們應該更加留意清除內心的錯誤思想。**

愛比克泰德的警世名言出自一千九百多年前，但是現代醫學已證實他所言不假。美國醫師羅賓生（G. Canby Robinson）宣稱，五分之四的病人向約翰．霍普金斯醫院坦承自身承受的病痛部分源自情緒緊張與壓力，這點即使在器官失調的病例中也說得通。「說到底，」他指出，「這些病痛都可以追溯到生活失調和從中孳生的煩惱。」

偉大的法國哲學家蒙田信奉的人生座右銘是：「人非外事所傷，多由己見所傷。」我們如何看待已經發生的事情，完全取決於自己的心態。

我這番話是什麼意思呢？當你被煩惱壓得喘不過氣、神經緊繃得有如糾纏的電線時，我是不是大言不慚地想對你說，即使在這樣的情況下，你還是可以發揮意志力，改變自己的心態？你說對了，我正有此意！不只如此，我還想告訴你怎麼做才正確，或許得費點功夫，但箇中祕訣其實非常簡單。

改變行動，就能連帶改變情感

在功能心理學（functional psychology，又稱機能心理學）領域，威廉．詹姆斯是其他專家難以望其項背的翹楚，他觀察到：「行動看似隨著情感而來，但事實上行動與情感並行。行動是由我們的意志力更直接地掌控，情感則不是如此；然而，我們若能規範行動，就能間接規範情感。」

換句話說，威廉．詹姆斯是在告訴我們，單憑「下定決心」無法立刻改變情感，卻可以改變行動。一旦我們改變行動，就能連帶改變情感。

「因此，」他進一步解釋，「**要是你失去快樂的能力，將之尋回的有效方法就是快樂地坐直身子，言談間表現得像是快樂已經到來一樣。**」

這麼簡單的技巧真的有用嗎？你不妨試試看。先展露一個嘴角都要咧到耳際的大笑容，雙肩往後聳起，抬頭挺胸，然後再深吸一口氣，扯開嗓子唱首歌。要是你自覺唱得不好，那就改成吹口哨；不會吹口哨的話，那就哼個小調。你很快就會親身體悟到威廉．詹姆斯的忠告是什麼意思了——只要你採取行動，表現出興高采烈的模樣，生理上就不可能繼續無精打采下去！

這是自然界極其基本，卻能為我們的生活創造神奇效果的真理。我想起一位住在加州的女性（在此略過不提她的名字），但願她早點知道這個祕訣，這樣一來，她的所有苦難就能在二十四小時內一掃而空。這名老嫗是個寡婦，這點確實讓人深感遺憾，不過她是否曾經試圖讓自己快樂起來？完全沒有。假如你問她感覺如何，她會說：「嗯，還可以。」但她臉上的表情與哀怨語調無疑是在抗議：「唉，我的天啊，你要是知道我吃過什麼苦，就不會這樣問了！」她臉上的表情就像是在譴責你竟然開開心心地出現在她面前。事實上，境況遠比她糟糕的女性不計其數：她的先生過世後留下一大筆保險金，足供她下半輩子衣食無憂，而且她的兒女都已成家，也願意接她同住。不過，我卻很少看到她露出笑容。她總是抱怨三名女婿自私又小氣，但她到他們的家裡常常一住就是好幾個月；她還抱怨女兒從不送她禮物，不過她自己的錢倒是抓得很緊——「因為我還要養老」。她不僅自己生活得委靡頹喪，也讓家人的日子跟著難過！但是真的有必要這樣嗎？這正是最讓人遺憾的一點。她其實可以改變自己，不再演出遭逢不幸、苛刻又不快樂的老嫗，搖身變成整個家族敬重又愛戴的長輩。**若是她願意改變，唯一要採取的行動就是開始表現出快樂的樣子**，她可以表現得好像自己有更多的愛可以付出，停止哀憐自己的不幸與痛苦。

只要表現出開心的模樣，就有可能開始創造幸福

住在印第安納州泰爾市的H．J．恩格勒（H.J. Englert）至今仍好端端地活著，正是因為他早就發現這個祕密。十年前，恩格勒先生罹患猩紅熱，痊癒後卻發現自己的腎臟受到損害，得了腎炎。他急

得四處求醫，對我說：「就算是江湖郎中也只能試試看。」不過，沒有任何療法足以救他一命。

不久前，腎炎連帶引起血壓飆高的併發症，他就醫才知道自己的血壓竟衝上可能致命的二百一十四毫米汞柱。醫師還告訴他高血壓將會漸進式惡化，建議他立刻安排好剩餘的日子。他說：

我回到家裡，確認保險都已經繳清，再向上帝懺悔所有以前犯下的錯誤，然後就遁入憂鬱的空想狀態。我讓身邊的每個人都跟著不快樂。老婆、小孩成天發愁，我自己更是陷入嚴重的抑鬱狀態。但是，我這樣自怨自艾地過了一星期之後，便打起精神對自己說：「喂，你表現得像個白痴！你搞不好還要再拖個一年才會死，為什麼不在還活著的這一年過得快樂一點？」

於是我把雙肩往後挺起來，在臉上戴上笑容，然後試圖表現出一切如常的樣子。我承認，一開始確實得費點力氣，但我硬是強顏歡笑，看起來雀躍歡喜。結果，我這樣做不僅救了我的家庭，更救了我自己。

我的第一個發現是，自己真的感覺好多了，幾乎就和裝出來的感覺一樣好！我的病況持續好轉，如今已經比醫生預言我躺進棺材的日子又多活了好幾個月。我不僅身心快樂、安康，而且活得好好的，就連血壓也降低了！我清楚知道：倘若我像輸家一樣老是想著「就快死了」，醫生的預言肯定會成真。不過我倒是藉此給了血壓自癒的機會，而我什麼也沒做，就只是改變自己的心態！

且容我請教你一個問題：**如果只要表現得歡欣雀躍，並且懷抱積極、健康、勇敢的念頭就能拯救一條命，我們為何要多忍受一分鐘微不足道的憂慮與沮喪呢？**如果我們只要表現得歡欣雀躍，就有可能開始創造幸福，為何還要讓自己與周遭的每個人跟著鬱鬱寡歡呢？

幾年前，我曾拜讀《你的思想決定業力》（*As a Man Thinketh*，繁中版由柿子文化出版），這本書至今仍深刻、持久地影響我的人生，作者是詹姆斯・艾倫（James Allen）。以下僅摘錄片段：

人們會發現，一旦改變看待事物和他人的想法，事物和他人也會讓自己產生改變……讓一個人從根本改變自己的想法，他就會驚訝地發現，這種快速轉變也會影響自己的物質生活條件。人們不會吸引自己渴望的事物，只會吸引相似的事物……形塑我們命運的神祇就在我們的身心深處，不折不扣正是我們自己……一個人的所有成就直接反映他的思維方式……一個人只要能夠昇華自己的思維，就能挺身而出、征服目標並實現成就；倘若他不願這樣做，就只會繼續委靡不振、悲慘淒涼，而且苦不堪言。

《創世記》（*Book of Genesis*）說，上帝賦予人類主宰全世界的權力。這是一份偉大的禮物，但我對於這類至高無上的特權沒有渴望，唯獨渴望主宰完整的自我，包括我的思想、恐懼、心智與精神。好消息是我知道自己可以獲取這種主宰力，而且程度之高令人咋舌。無論何時，只要我想要，就能掌控自己的行動，進而掌控自己的反應。

所以，且讓我們謹記威廉・詹姆斯說的這句話：「**許多我們視之為邪惡的事……經常可以轉化成令人精神振奮、志氣抖擻的好事。只要受難者改變自己的心態，將恐懼憂患的傾向轉變為昂揚鬥志就好。**」

只為今天，讓我們努力爭取自己的幸福！

且讓我們遵循以下這套快樂歡欣、正面思考的生活方案，努力爭取自己的幸福。它是作曲家希碧兒・F・帕崔姬（Sibyl F. Partridge）所寫下的〈只為今天〉（*Just for Today*）。我發現它深具激勵人心的作用，因此印了幾百份複本到處送人。如果我們都能身體力行，就能消除多數憂慮，無限提升「生之喜悅」。

〈只為今天〉

一、只為今天，我會快樂起來。假設亞伯拉罕・林肯所言「多數人只要下定決心要有多快樂，就能有多快樂」為真，那麼快樂就是發自內心，不取決於外在。

二、只為今天，**我會試著調適自己順應現勢，而非試圖調整萬事順應我願**。我會接受家人、事業和運氣的真實本色，調整自己適應它們。

三、只為今天，**我會善待自己的身體。我將鍛鍊它、關心它、呵護它，而非虐待它或忽略它，這樣它才能完美地為我所用**。

四、只為今天，我會試圖強健心智。我將學習有用知識，絕不做無知之人。我將閱讀需要努力、深思與專注的書籍。

五、只為今天，我會執行三件事以鍛鍊靈魂；我將為善，但不讓他人知曉；我將遵照威廉・詹姆斯「磨練心志」的建議，主動完成兩樁原本抗拒實踐的任務。

六、只為今天，我會成為與他人相處愉快的夥伴。我將打理自己展現最佳狀態，盡可能衣著得體，言語謙遜、舉止合宜、不吝誇讚、絕不批評、停止吹毛求疵，而且不再規範或改變任何人。

七、只為今天，**我會力求每一刻都活在當下，不再奢求一舉解決所有人生難題**。我願意堅持十二小時執行若是要我做一輩子肯定嚇死自己的任務。

八、只為今天，我制定計畫。我將寫下每小時的預定工作內容。我或許不會完全按部就班執行，但至少我訂定計畫了。它會幫我排除倉卒行事、猶豫不決這兩大害處。

九、只為今天，我會花半小時安靜獨處、全然放鬆。在這段時間裡，我會想想上帝，以便進一步觀照自己的人生。

十、只為今天，我將無所畏懼，特別是我將不害怕讓自己快樂、享受美好事物、用心愛人，並相信那些我愛的人也一樣愛我。

卡內基快樂學 12

別讓心境成為牢籠，快樂就在一念之間！

- 如果你想要培育平靜、快樂的內在力量，請力行以下法則：正面思考、快樂行動。這樣一來，你便會真的感到快樂。

- 請以積極態度取代消極態度，我們必須關注自身問題，但不要煩憂。「關注」意指明白問題何在，冷靜地採取步驟解決問題；「煩憂」則是指鬼打牆似的在原地胡思亂想。

- 我們內心的平靜與生活中的喜悅並非取決於身在何處、擁有什麼，或者具備何種身分，而是全然取決於心態。相較之下，外在環境的影響微乎其微。

CHAPTER 13

千萬別與他人爭對錯、拚輸贏

別為你的敵人把爐火燒得太熱，以至於燙傷自己。

——英國文豪莎士比亞

不要允許討厭的人威脅你的幸福

幾年前某一晚，我到黃石公園旅行。我與其他遊客坐在露天觀景台上，眼前是一片繁密的松樹與杉樹林，不一會兒，我們苦等的森林猛獸終於現身，一隻北美灰熊幾個大步就走進刺眼的強光中，開始狼吞虎嚥園內某家飯店棄置的剩菜。坐在馬背上的國家森林公園管理員梅傑・馬汀戴爾（Major Martindale）則是對著興奮不已的遊客說起關於熊族的常識。他告訴我們，灰熊力大無比，在美西動物世界幾乎沒有敵手，可說和北美野牛及阿拉斯加棕熊（Kodiak bear）旗鼓相當。不過，當晚我注意到的是，這隻熊允許一隻臭鼬從林中跑出來與牠一同站在強光下共享食物。灰熊明知自己只要大掌一揮就可以把小臭鼬打成肉泥，為何卻沒有這樣做？**因為經驗告訴牠，不值得花這個力氣。**

對此，我自己也有同樣的體悟。我在密蘇里州的農場長大，曾經在籬笆旁挖陷阱誘捕許多四腳臭鼬；現在我已成年，在紐約的人行道上看過另一種形態的兩腳臭鼬。過去種種不愉快的經驗告訴我，無論哪一種，都不值得費心。

我們對敵人恨之入骨時，就等於是提供對方一股掌控自身的力量，遙控我們的睡眠、食慾、血壓、健康和快樂。要是對方知道自己竟然可以讓我們積憂成疾、苦惱難眠，而且不費吹灰之力就能報復我們，肯定開心得手舞足蹈！**我們的恨意傷不了對方的一根寒毛，卻會讓自己的日子像墮入煉獄一般難熬。**

威斯康辛州密爾瓦基市警察局的公告欄上印著這句話：「如果自私的傢伙試圖占你便宜，把對方的名字從熟人清單劃掉就是。千萬別試圖報復，你一心想要扳回一城，最終反而傷己勝過傷人。」企圖報復他人，造成的自傷形式不一，根據《生活》雜誌報導，最糟的情況就是自毀身心健康：「高血壓患者最主要的人格特徵就是心懷憎恨，日積月累的憎恨會誘發慢性高血壓和心臟病。」

所以，耶穌說「愛你的敵人」，不只在傳遞道德教訓，也是在宣揚二十世紀的醫學觀，告訴我們如何避免罹患高血壓、心臟病、胃潰瘍與其他各種疾病。

最近我的友人心臟病發作，醫師嚴令她要臥床休息，而且無論發生什麼事都不准動怒。**醫師都知道，擁有一顆脆弱的心臟，一絲怒氣就很可能要你的命**。不只是「很可能要命」，華盛頓州斯波坎市真的就有一名餐廳老闆因怒氣終結一生。此刻，我正展閱當時的斯波坎市警察局局長傑瑞．史華道（Jerry Swartout）的親筆來信：「幾年前，六十八歲的在地咖啡店老闆威廉．佛卡伯（William Falkaber）把自己『氣死了』，起因只是他的主廚堅持要用茶托喝咖啡，他一怒之下就抄起手槍去追廚師，卻突然心臟病發、倒地身亡，而且手上還緊緊握著槍。驗屍官的報告說明，是怒氣引發這場心臟病。」

當耶穌說「愛你們的敵人」，也是在告訴我們如何改善自己的外表。恨意讓有些人的臉皺紋密布、線條冷硬，憎恨則扭曲他們的臉孔；任何美容手術改善外表的成效遠不如一顆充滿寬恕、溫柔和慈愛的心。

假如敵人知道我們對其恨之入骨，自己卻因此嚴重內耗，不僅搞得筋疲力盡、神經兮兮、面容變形、心臟衰弱，甚至可能因此少活幾年，對方難道不會高興得拍手叫好嗎？

就算我們無法愛敵人，至少也要愛自己。請全心全意愛自己，不要允許敵人掌控我們的幸福、健康與容貌。正如莎士比亞所說：「別為你的敵人把爐火燒得太熱，以至於燙傷自己。」

職場順遂必備心法：用感激化解怒氣

耶穌說，我們應當原諒敵人「七十個七次」，也是在反覆灌輸我們合理健全的生意經。舉例來說，我眼前正拿著一封寫作本書期間瑞典烏普薩拉市市民喬治．羅納（George Rona）寄來的信。

喬治．羅納曾在維也納擔任律師好幾年，但在二戰期間逃難到瑞典。他身無分文，亟需工作。由於他可以說、寫數種語言，因此希望可以在進出口貿易公司謀得聯絡員的工作。多數貿易商都婉拒了，說是戰爭之際不需要這類服務，但會將他的名字存檔以便日後所需……他收到諸如此類的委婉說法。但是喬治．羅納在信中指出，有個傢伙回信特別不客氣：「你對敝公司業務的猜想完全錯誤，而且錯得離譜、愚不可及。我不需要任何聯絡員。就算我真的需要好了，也不會用你，因為你連瑞典文都寫不好，錯誤連篇。」

喬治．羅納閱讀這封信的當下暴跳如雷。這個瑞典佬竟然說他的瑞典文寫不好，這是什麼意思！拜託！他自己寫的瑞典文才是錯誤連篇好嗎！於是喬治．羅納馬上回信，為了激怒對方字斟句酌。不過，後來他暫時踩下煞車，對自己說：「欸，等一下，我怎麼知道這位老兄說錯了？我雖然學過瑞典文，但這畢竟不是我的母語，我很可能真的犯了自己不明所以的錯誤。那麼，若我還是想找到一份工作，應該要更認真學好瑞典文。這位老兄很可能幫了我一個大忙，即使他的本意並非如此。雖說他的遣詞用字實在討人厭，但區區這點小瑕疵不影響我欠他一份人情的事實。因此，我反而該回信謝謝他說真話。」

於是喬治．羅納撕破那封剛寫好的刻薄回信，重寫一封：「誠摯感謝您撥冗回信，特別是您明明不需要聯絡員，卻還好意通知我。很抱歉我誤解了貴公司的業務，最初之所以提筆寫信給您，是因為我在四下打聽的過程中有人提起您的大名，還說您是這一行的佼佼者。我不知道自己在信中犯下文法錯誤，深感抱歉與汗顏。日後我將更認真學習瑞典文並試圖矯正錯誤。我在此感謝您推我一把，踏上自我改進的道路。」

幾天後，喬治．羅納收到對方回信，請他上門會面。羅納前去赴約，而且還找到一份工作。他親身體悟到「婉言可以釋怒」的真諦。

人非聖賢，孰能愛敵？但是，為了自身的健康與幸福著想，至少先做到原諒，再做到忘懷。這才是聰明人該做的事。孔子也說：「以直報怨，以德報德。」我曾經問過美國將軍艾森豪（Dwight D. Eisenhower）之子約翰，他的父親是否憎恨過誰。「沒有，」他回答，「家父**不曾浪費時間去想他根本**

不喜歡的人。」古諺說得好：愚者不知怒，智者不動怒。

讓我們聽聽偉大的德國哲學家叔本華怎麼說。著有《人性與宗教的悲觀研究》（*Studies in Pessimism, on Human Nature, and Religion*）一書的他認為，人生終究是一趟徒勞、痛苦的旅程，他走在這條路上總是滿天烏雲；然而，即使是身陷絕望深處時，他依然大聲疾呼：「若是辦得到，不要對任何人心懷恨意！」

伯納德・巴魯克（Bernard Baruch）曾擔任六任美國總統信任的顧問，我問他，是否深受政敵抨擊困擾。「誰也沒有本事羞辱我或激怒我，」他回答，「我不會允許他這麼做。」

同理，**誰也沒有本事羞辱我或激怒你，除非我們允許他這麼做。有句話說：「棍棒、亂石或能斷我骨頭，但言語絕對無法動我寒毛。」**

將眼光放長遠，自然會忽略眼前的敵意

想要原諒並忘記敵人，一個相當有效的方法是全心投入超越自身的志業。這樣一來，我們所遭遇的羞辱和敵意便不再重要，因為沒有什麼能夠超越志業本身。智者會這樣思考：**「我沒時間吵架，沒時間後悔，也沒人能夠強迫我自甘墮落去憎恨誰。」**

近兩千年前，愛比克泰德就已經提出類似中國古諺「種瓜得瓜，種豆得豆」的道理，冥冥之中命運總會讓我們為自己的罪惡付出代價。「眼光放遠，」愛比克泰德說，「人人都得為自己造的孽受到懲罰。我們只要能記住這一點，就不會再生氣、謾罵、責備、攻擊並怨恨他人。」

美國建國以來，可能找不到有誰一生中受譴責、憎恨甚至出賣的程度勝過林肯。不過，林肯的律師事務所合夥人威廉・亨頓（William Herndon）在為他而寫的經典傳記中指出：「（林肯）從來不依據個人好惡評判別人。必須採取任何行動時，他很清楚，自己的敵人也能夠做得和他一樣好。假使某人是最適合某項職位的不二人選，就算對方曾經中傷或錯待自己，林肯照樣會指派他去接手，一如指派朋友那樣毫不猶豫……我從來就不認為，他會出於死敵當前或個人厭惡這類理由就拔除某人的職位。」

許多林肯一手拔擢的高官，包括將軍喬治・麥克雷倫（George B. McClellan）、國務卿威廉・蘇爾德（William H. Seward）、戰爭部部長艾德恩・史坦頓（Edwin McMasters Stanton）、財政部部長薩爾曼・契斯（Salmon P. Chase）等人，都曾不遺餘力地譴責甚至出言羞辱他，不過根據亨頓，林肯深信「沒有人應當因為自己的所作所為得到讚揚或非難」，因為「我們所有人都受到生活條件、環境、教育、習慣與遺傳作用制約。現在如此，未來亦如此。」

或許林肯說對了。**如果我們都繼承和宿敵一模一樣的身心與情緒特徵等條件，而且擁有一樣的人生軌跡，或許行為終將如出一轍**。我們可能不會走出完全相反的道路。且讓我們效法原住民蘇族（Sioux）慈悲為懷的禱詞：「偉大的神靈，除非我穿上別人的鹿皮靴並上路兩個星期，否則請幫助我不要輕易對別人驟下任何結論。」由此可見，我們不應再憎恨仇敵，反而要憐憫他們，並感謝上天保佑我們沒有成為像他們那樣的人；我們不要再累積怨氣、報復敵人，且讓我們付出理解、同情、協助、寬恕與禱告。

我從小在一個每天晚上都要閱讀、複誦《聖經》並跪地禱告的家庭長大，至今耳際仍會依稀響起家父待在孤寂的密蘇里州農莊喃喃重複的耶穌話語：「愛你的敵人，祝福那些詛咒你的人，善待那些憎恨你的人，為那些逼迫、利用你們的人禱告。」只要人們心懷信念，這番話將會世世代代傳誦下去。

家父一生實踐耶穌之語，它們帶給他全世界的君王將相終身求之不得的內心平靜。

卡內基快樂學 13

請將精力保留給自己，仇敵不值得你傷神！

- 若你想要培育平靜、快樂的內在力量，請力行以下法則：千萬別試圖報復敵人，以免傷己更勝於傷人。絕不要浪費一分鐘去想自己討厭的人，容許對方威脅你的幸福。
- 古諺有云：「愚者不知怒，智者不動怒。」受到批評時，不妨用感激化解怒氣，說不定會帶來意想不到的機會。
- 想要原諒並忘記敵人，一個相當有效的方法是全心投入超越自身的志業。這樣一來，我們所遭遇的羞辱和敵意便不再重要，因為沒有什麼能夠超越志業本身。

CHAPTER 14

放下預期心態，得到的回饋更多

感恩之心是教養的產物，粗鄙之人身上見不到。

——英國文學評論家山繆爾．強森（Samuel Johnson）博士

期待他人感謝，只是自尋煩惱

最近我在德州遇到一名忿忿不平的商人。事先已經有人警告我，見面不出十五分鐘，就會聽見他抱怨某事——還真的說中了。他氣憤難消的事件其實發生在十一個月前，但至今過不去，因此逢人就講。耶誕節前夕，他發給三十四名員工總額一萬美元的獎金，平均每人三百美元，但是竟然沒有任何員工表達感謝。「我後悔得要命，」他憤恨地抱怨，「早知道一毛也不要給！」

這位年約六旬的仁兄渾身是毒，我打從心底同情他。人壽保險公司的數據顯示，平均來說，將八十歲減去我們當前的年齡，取這個數字的三分之二強，再加上我們現在的年齡，大概就是我們的大限歲數。這位仁兄如果夠幸運，算起來還有約十五年光景。不過他已經浪費至少一年在悔恨過去的決

定。我真的很同情他。

這位老闆與其泡在憤怒中自怨自艾，不如捫心自問，為何沒有半個人感謝他。或許他開的薪水本來就太低，而且還不停要求員工加班工作；或許員工根本就不當這筆耶誕節獎金是禮物，而是應得的報償；或許他太苛刻又難以接近，誰也不敢或不想費事道謝；或許員工覺得老闆發這筆獎金，只是不想將多數獲利上繳國庫，寧可分給他們……諸如此類的理由。

另一方面，也很可能是這些員工都很自私、小氣又沒禮貌。或許是這樣，但也可能是其他原因。我和你一樣不知道實情，不過我知道英國文學評論家山繆爾．強森博士曾說：「**感恩之心是教養的產物，粗鄙之人身上見不到。**」

我的重點是：這位仁兄**暗自期待他人感謝，是犯下自尋煩惱的錯誤**。

假設你救了陌生人的命，會期望對方感激你嗎？可能會。不過，知名刑事律師轉行法官的山繆爾．萊柏維茲（Samuel Leibowitz）可是曾經成功搶救七十八條人命免於電椅極刑！猜猜總共有多少人費事向山繆爾．萊柏維茲道謝，或者是曾經花點時間提筆寫一張耶誕卡給他？猜猜看有多少人會這麼做？沒錯，就是零人。

基督一個下午就治癒十名痲瘋病人，但是又有多少人停下腳步向他道謝？只有一個。你翻翻《路加福音》（*Gospel of Luke*）就知道，當基督轉身問門徒：「其他九個人在哪裡？」此時，那些人早就跑遠了。竟然連一句謝謝都沒說就走人！且容我問你：為何我們付出的小恩小惠遠少於耶穌基督，卻期待更多感謝呢？

忘記感謝是天生人性，何不乾脆接受事實？

通常好意與金錢扯上關係就很複雜了！美國鋼鐵大亨查理．施瓦布（Charles Schwab）告訴我，他以前曾出手拯救一名銀行出納，對方盜用銀行資金炒股，賠了一屁股債，施瓦布幫忙出錢補洞，讓他免淪牢獄之災。這名銀行出納可曾感謝他？有的，但只有短短一陣子，之後他就反過來與施瓦布作對，辱罵、譴責這位幫助他免淪牢獄之災的恩人！

如果你給親戚一百萬美元，應該會期望對方感謝吧？鋼鐵大王安德魯．卡內基（Andrew Carnegie）就做過這種事。不過，要是安德魯．卡內基死而復生，發現這名親戚竟然對他咒罵連連，恐怕會目瞪口呆！這名親戚指控他捐贈三億六千五百萬美元給慈善機構，卻只拿出區區一百萬美元打發自己。

世事如此，人性永遠是人性，或許在你的有生之年都不會改變，那何不乾脆接受它？何不學學羅馬帝國最有智慧的哲人皇帝馬可．奧里略的務實態度？他曾在日記中寫下：「今天我將與幾名廢話連篇的人會面。**雖然他們傲慢、自私又不懂感恩，但我一點都不驚訝，也不會被激怒，因為世上不可能沒有這樣的人存在。**」

挺有道理的，不是嗎？要是你我動不動就抱怨他人忘恩負義，究竟該怪誰？是要怪罪人性嗎？還是責怪自己無視人性？且讓我們別再預期他人感謝。如此一來，倘若我們偶然收到他人感謝，那將是讓人愉快的驚喜；若是無人感激，也不會為此心煩意亂。

這就是我在本章想要強調的第一個重點：**他人忘記感謝，這是再自然不過的事；我們要是事事期望得到感激，往往只是一頭栽進自尋煩惱的漩渦。**

想追尋快樂，請單純只為內在喜悅付出

我認識一名獨居紐約的女士，她總是不停抱怨沒有親戚願意來探望她。但事出有因。如果你登門拜訪，接下來幾個小時只會聽到她訴說自己如何把姪女拉拔長大：在她們得了小兒痲疹、腮腺炎和百日咳的時候悉心照護；資助其中一人完成商學院學位，並讓另一人直到結婚前都住在家裡。

這幾位姪女曾來探望過她嗎？其實她們出於責任感，還是會不時登門，內心卻不免感到抗拒，因為知道必定得聽她語帶責備地嘮叨好幾小時。每一次拜訪，她們都得忍受這種永無止境、自怨自艾的怨嘆。當這名長輩再也無法威脅利誘姪女登門造訪，乾脆就玩另一種把戲，讓自己心臟病發。

這是真正的心臟病發作嗎？是的，確實如此。醫師說她有「一顆神經質的心臟」，所以會心悸。不過醫師坦承自己幫不上忙，因為她的病痛其實是心理狀態引起的。

這名女士真正渴望的回應是愛與關懷，但她總是稱之為「感恩」。正是因為她強行索求感恩與愛，並認定是自己應得的回報，所以永遠得不到。

到處都有和這名女士一樣的人，全都被「不知感恩」的負面情緒綁架，最終落得形單影隻、無人聞問。**他們渴望被愛，然而，真正能在這世上獲得別人關愛的唯一方式就是停止索求，繼續付出關愛，而且毫不期待回報**。

上述情境聽起來太純粹、不實際，而且很像是想像出來的理想境界嗎？完全不是，這是簡單實用的常識。你我都在追尋夢寐以求的幸福，這就是最佳方法。我知道這是真的，因為我曾目睹它在自家發生，家父、家母深諳「施比受更有福」的真理。我家很窮，總是被沉重債務壓得喘不過氣，儘管一貧如洗，家父、家母每年總是會設法存點錢送給孤兒院。他們從來沒有造訪過孤兒院，除了收到感謝

信之外，也從來沒有人感謝他們的心意，但幫助孩童且無所求的喜悅，就足以讓他們獲得滿滿的回報。

我離家後，每年耶誕節前都會寄支票回老家，勸兩老為自己添購一些平時捨不得買的好東西。但他們總是把我的話當成耳邊風。每次我在耶誕節前夕回到家，家父就會告訴我，他們買了薪柴與雜貨送給鎮上某個「寡母」，她獨力撫養一屋兒女，常常沒錢買吃的、用的。他們從不求回報的付出得到多麼大的喜悅！

我相信，家父幾乎完全具備亞里斯多德筆下的「理想人格」，這種人最值得幸福快樂。「這種理想完人，」亞里斯多德說，「光是幫助別人就感到快樂。」

這就是我在本章想要強調的第二個重點：**若是想要追尋快樂，且讓我們不要在意他人是否心懷感激，單單只為內在喜悅全心付出**。

別期待兒女「報恩」，若感受到愛自然會回饋

幾千年來，父母總是為了兒女不懂感激氣得七竅生煙。

莎士比亞筆下的李爾王（King Lear）同樣氣得大呼小叫：「逆子無情，甚於蛇蠍！」

然而，若是父母一開始就沒有把兒女教好，他們又怎麼會懂得要感恩呢？**忘恩負義就像野草蔓生，這是天性；心懷感激則像是玫瑰，必須悉心培育、澆灌、栽植、關愛與保護**。

養子不教誰之過？或許就是我們自身的錯。假使我們從來不曾教育兒女要向他人表達感謝，又怎

能指望他們對自己心懷感激？

請謹記，我們怎麼教，兒女就成為什麼樣的人。舉例來說，我的姨媽就是非常睿智的母親，從來就不用擔心兒女會「不知感恩」。在我還小的時候，姨媽就把自己的媽媽和婆婆接到自己的農莊住，全心關愛、悉心照護。直到現在，兩名老婦人坐在農莊火爐前方的畫面依舊歷歷在目。她們會是姨媽的「麻煩」嗎？我想很多時候是的，但姨媽從不會表露出感到困擾的態度。她深愛這兩位老媽媽，所以溺愛她們、把她們寵上天，讓她們覺得就像住在自己家裡一樣自在。此外，姨媽自己養育了六名兒女，但她從來不覺得自己有多麼崇高，或是認為把兩位老媽媽接到家裡住是多麼值得讚美的事情。對她來說，這是再自然不過的決定，也是她發自內心想做的事。

現在姨媽過得如何？她已經孀居二十多年，子女都已經各自成家立業，而且天天爭著想與她同住！她的兒女個個都愛死她了，覺得媽媽的愛永遠不嫌多。這不是出於「心懷感激」，而是愛，純粹出於親子之愛。這些兒女的成長過程滿溢著溫暖與人性光輝，所以他們長大後也反過來回饋滿滿的愛，這是很自然的事。

請謹記，**若想養出心懷感激的兒女，自己要先心懷感激；我們的言行都看在他們眼中，當我們打算在兒女面前表現出輕視他人善意的舉動時，請及時踩下煞車**。永遠不要說出：「看看蘇珊表妹耶誕節寄來這幾塊洗碗布！還是她自己縫的，連一毛錢都不捨得花！」這種意見我們可能只是隨口說說，小孩卻都聽在耳裡。反之，我們理當說：「看看蘇珊表妹花了多少時間親手縫製這些耶誕禮物啊！她真是太用心了！我們現在來寫一張感謝卡給她吧。」在耳濡目染之下，我們的兒女才可能養成讚美、感激他人的習慣。

卡內基快樂學 14

放下徒增煩惱的期望，付出就是最棒的回報！

- 你若想培育平靜、快樂的內在力量，請力行以下法則：與其怨恨他人不知感恩，不如不要抱此期待。
- 且讓我們謹記：耶穌一天治癒十名麻風病人，只有一名回頭感謝祂。我們憑什麼期待自己的付出能比耶穌得到更多感謝？
- 尋找幸福的唯一方法是不期待對方感謝，只為「施比受更有福」而付出。
- 懂得感恩是「後天養成」的特質，所以，如果我們希望兒女心懷感激，自己就要先身體力行，才可能教會他們這層道理。

CHAPTER 15

你願意拿十億交換現在擁有的一切嗎？

我們很少想到自己擁有什麼，反而總是想到缺少什麼。

——德國哲學家叔本華

聚焦於美好的九十%，自然被幸福包圍

我認識哈洛德．亞伯特（Harold Abbott）許多年了，他住在密蘇里州韋伯市，以前是我的課程經理。有一天我們約在堪薩斯市碰面，他載我到農莊，途中，我問他遠離憂慮的祕訣，聽到一段終身難忘的感人故事。

以前我總是擔憂個沒完沒了，但在一九三四年的某個春日，我親眼目睹一幕畫面，讓我從此煩憂全消。全程只有短短十秒鐘，我卻從中學到過去十年從未領悟的道理。此前兩年我在韋伯市開了一家雜貨店，但我不僅花光積蓄，還倒欠一屁股債，前後花了七年才還清。當時，我的雜貨店在上一個星期六歇業了，我正在前往銀行的路上，想借點轉赴堪薩斯市謀生的資金。我垂頭喪氣地走著，鬥志與信心蕩然無存。突然間，我在路上撞見一名失去雙腿的男性。他坐在一塊小木板上，下方嵌裝四個從溜冰鞋拆下來的輪子。我看到他的那一刻，他正好滑過馬路，正努力把自己撐高幾公分，好挪上人行道。正當他費力抬高木板的角度時，雙眼剛好與我對上，隨即咧開笑容向我打招呼：「早安！今早天氣真好，是不是？」他顯得精神抖擻。那一刻，我愣愣地看著他，突然驚覺自己是多麼富有。我的雙腿好端端的，能走更能跑。我為自怨自艾感到無地自容。我對自己說：**如果失去雙腿的人都可以這麼開心、快活又有自信，我這個雙腿健在的人當然也可以**。我馬上就挺起胸膛，原本我只想去銀行借一百美元，但現在我有勇氣借兩百美元了；原本我想對行員說，自己打算去堪薩斯市，試著找份工作，但現在我有信心說自己要去堪薩斯市談到工作。後來我真的借到這筆錢，也真的談到一份工作。

現在，我在浴室的鏡面貼了一句話，每天早上刮鬍子時都會讀一遍：「**我為自己無鞋可穿而難過，直到我在街上遇到沒有腳的人**。」

美國王牌飛行員艾迪・瑞肯貝克（Eddie Rickenbacker）曾和同伴絕望地坐著救生筏，在太平洋上漂流二十一天。我問他在這段時間學到最重要的人生課程是什麼，「我在這次經驗學到的關鍵教訓就是，」他說，「當你有新鮮淡水可喝、有食物可吃，就不要再抱怨任何事了。」

美國《時代》（*Time*）雜誌曾經刊登一篇文章，講述一名中士在澳洲東北方島國索羅門群島的瓜達康納爾島（Guadalcanal）受傷，他被炮彈的碎片炸傷喉嚨，前後總共輸血七次才從鬼門關前搶救回來。他以紙筆詢問醫師：「我能活下來嗎？」醫師回答他：「沒問題。」他又問：「我以後能說話嗎？」醫師一樣回答可以。然後他又問了一個問題：「那我到底在憂慮什麼？」

你何不現在就暫停下來自問：「我到底在憂慮什麼？」你可能會發現，自己真的是在擔憂一些微不足道的芝麻綠豆小事。

我們這一生中，**做對事情的機率大概是九十％，做錯的機率大概十％，如果我們想要快樂過日子，唯一該做的就是好好把九十％做好，剩餘的十％就別管了。**要是你想悲慘度日，還想順便得到胃潰瘍，只要反過來關注那十％，把美好的九十％拋去一旁就好。

感謝的力量，讓牢騷鬼變回幸福人

英國克倫威爾時期興建的教堂經常鐫刻「思之而懷恩」（Think and Thank）這句話，我們也應將它刻在心上：先想想我們應該感謝的一切，然後感謝老天爺慷慨恩賜這一切。

諷刺小說《格列佛遊記》（*Gulliver's Travels*）作者強納森．史威特（Jonathan Swift）或許稱得上是英國文學史上最悲觀的人。他總是哀嘆自己根本不應該出生，因此生日當天會穿得一身黑，並且整天禁食。不過，這名絕望的悲觀主義者卻讚嘆快樂是一股有益身心的偉大力量，「全世界最頂尖的醫師，」他聲稱，「就是好好吃、好好過與好好笑醫師。」

我們只要把注意力集中在自身擁有的驚人財富，就能時刻享受「好好笑醫師」的服務。你願意為了十億元出賣雙眼、雙腿、雙手或聽力嗎？或是出賣兒女，甚至你的整個家庭？**你想想自己擁有的資產就會發現，即使奉上石油業的洛克菲勒、汽車業的福特與金融業的摩根（Morgan）三大家族的財富都換不來。**

但我們真的對這一切心存感激嗎？其實不然。正如叔本華所說：「我們很少想到自己擁有什麼，反而總是想到缺少什麼。」沒錯，**「很少想到自己擁有什麼，反而總是想到缺少什麼」正是全世界最悽慘的悲劇，帶來的悲苦可能遠超過史上所有戰爭和疾病**。

這一點也是約翰．帕默（John Palmer）「從正常人變成牢騷鬼」的禍首，幾乎讓他家破人亡。帕默先生住在紐澤西州派特森市，他親口告訴我：

當時我剛從軍隊退伍，開始自己做生意。我夜以繼日埋頭苦幹，業務很快就上了軌道。然後麻煩出現了。我無論到哪裡都買不到零件與材料，很擔心生意做不下去。我成天擔憂個沒完，漸漸從正常人變成牢騷鬼。我變得尖酸刻薄，暴躁易怒。哎呀，我那時候根本沒有意識到這一點，但現在看得很清楚，當時我只差那麼一步就會毀掉全家人的幸福。有一天，一名不良於行的年輕退伍大兵對我說：「強尼，你真該覺得自慚形穢，老是一副全世界都欠你的樣子。就算你得被迫關門一陣子，那又怎樣？等到供應順暢了，還是可以重新開始啊。你應該要對很多事情心懷感激才是，可是你卻整天鬼吼鬼叫。老兄，你知道我有多想套上你的鞋走路嗎？你看看我，我只剩下一條胳膊和半張臉，但我從不抱怨：**如果你再不停止碎碎念，遲早不只丟了生意，也會失去健康、家庭和朋友！**」

這番話有如當頭棒喝，讓我猛然清醒過來，知道自己有多幸運。當下我便決定改變自己，找回初心。我也真的辦到了。

別到死神來敲門時，才想要好好過生活

我有個朋友露西兒・布雷克（Lucile Blake）曾在悲劇邊緣徘徊良久，最終才領悟應該為擁有感到快樂，而非為失去感到傷懷。

我認識她好多年了，當時我們都在哥倫比亞大學新聞學院學習短篇寫作。她原本住在亞利桑納州土桑市，幾年前人生遭逢巨變。以下是她與我分享的故事：

我每天忙得團團轉：在亞利桑納大學學習管風琴、在城裡管理一家語言治療所，還要在留宿的農場教音樂欣賞課程。而且我還到處參加聚會、舞會，在夜空下騎馬。有一天早晨我突然垮掉了，我的心臟已經吃不消！醫師說：「你得臥床一整年靜養。」他甚至沒有鼓勵我相信自己很快就會好起來。

臥床一整年！就這樣變成廢物，還可能會死！我完全嚇壞了！為什麼這種事會發生在我身上？我做了什麼事要受這種罪？我嚎啕大哭、怨天尤人，但還是遵照醫師囑咐乖乖躺在床上。鄰床的病友是一位藝術家，他對我說：「現在你會想，在床上躺一整年簡直是一場悲劇，其實不必然如此。你會有時間思考，然後更認識自己。往後幾個月，你的心靈成長會遠遠超越過去這一生。」我聽完冷靜多了，試圖重塑全新的價值觀，開始閱讀更多勵志書籍。有一天，我聽到廣播中的評論家說：「每個人的外在表現都如實反映出自己內心真正的想法。」這種話其實以前三不五時就會聽到，但直到這一次，我才真的聽進耳裡、放進心裡。**當下，我下定決心只放行自己想要的生活準則：喜悅、幸福和健康的想法。我要求自己每天清晨眼睛一張開，就回想一遍自己應該感謝的事物**。沒有痛感、年輕可愛的女兒、完好的視力與聽力、廣播放送的美妙音樂、可以閱讀的時間、美食、知己。我很高興很多朋

友經常來探訪我，以至於醫師還得張貼告示，規定每天只有一段探視時間，而且一次只能會見一位訪客。

許多年就這麼過去了，如今我過著豐富又積極的生活，而且深深感謝躺在床上的那一年，那是我在亞利桑納州的生活中最珍貴、最快樂的時光。當時我每日盤點幸福，至今我依然這麼做，這個習慣已經成為我最珍視的資產。我必須慚愧地承認，**直到死神來敲門的恐懼萌生之前，我從來沒有真正學會好好過生活**。

露西兒・布雷克學到的這堂人生課，就和兩百年前的山繆爾・強森如出一轍。「凡事往樂觀層面看的習慣，」強森博士說，「遠比年薪千萬還要珍貴。」

說出這句話的強森博士可不是什麼樂觀主義者，而是在憂慮、貧窮和饑餓的環境中奮戰二十多年的鬥士，最終成為那個時代最傑出的作家，也是史上最盛名遠播的評論家之一。

美國散文家暨評論家洛根・皮爾索・史密斯（Logan Pearsall Smith）集人生智慧於一句箴言：「**人生只有兩大目標：首先，得到所願；然後，享受所得。唯有智者才能實現第二點。**」

別身在仙境，卻活得盲目而看不見美好

你想知道如何把洗碗這種枯燥至極的工作變成好玩的體驗嗎？那麼，不妨讀讀英國兒童文學作家羅爾德・達爾（Borghild Dahl）充滿超凡勇氣的勵志著作《我想親眼看見》（*I wanted to See*）。

這位失明半世紀之久的女士在書中寫道：「我只有一眼看得到，而且它還傷痕累累，視力範圍只有眼睛左方極小的一部分。每次看書都非得舉到鼻子前面，而且眼睛還得非常用力轉向左方才讀得到字。」

但是她拒絕受到他人同情、拒絕被貼上「與眾不同」的標籤。小時候，她想和其他孩子一起玩跳房子，但又看不到地上任何記號，於是她耐心等到其他小孩都回家了，才獨自趴在地上，一邊向前爬行、一邊緊貼地上查看記號。她用心記住標記在地面上的每一處細節，很快就成了這種遊戲比賽的常勝軍。她在家自學，念書時還得把大號鉛字印刷的書本舉到眼前閱讀，近到連睫毛都會刷到書頁。她用這種方式苦讀，拿到明尼蘇達大學（University of Minnesota）文學學士、哥倫比亞大學藝術碩士學位。

她開始在明尼蘇達州雙子谷的小鎮教書，此後一路晉升，最終成為南達科他州蘇瀑市奧古斯塔納學院（Augustana College）新聞及文學教授。她在當地任教十三年、在女性俱樂部發表演說，也上廣播節目評論出版書籍與作家。「在我的內心深處，」她寫道，「始終潛藏著對失明的恐懼。**我為了克服恐懼，選擇以樂觀、甚至有點遊戲人間的態度面對生活。**」

就在她年滿五十二歲的一九四三年，奇蹟發生了——她在知名的梅約診所動眼部手術，現在她的視力比以前激增四十倍。

一個令人興奮的嶄新世界就在她眼前展開。現在她發現，就連在廚房清洗鍋碗瓢盆都很好玩。「我開始玩弄餐盤上膨脹的白色泡泡，」她寫道，「我把雙手浸入泡泡堆裡，然後捧起一把舉向燈泡，可以看到每一顆泡泡都映射出一道色彩斑斕的小彩虹。」

她從廚房水槽上方的窗戶望出去，可以看到「撲拍灰黑翅膀的麻雀飛在白雪飄落的空中」。

她光是看著肥皂泡泡與麻雀就著迷得出神，於是在書中寫下這句話當作結論：「『親愛的上帝，』我低聲禱告，『我們天上的父，我感謝祢。我感謝祢。』」

想想看，你還能在洗餐盤的時候看到肥皂泡泡上的彩虹，也還能看到麻雀飛過白雪紛紛的天空，多麼令人慶幸又感激！

你我都應當自慚形穢。**我們這一生都像是生活在美好的仙境中，卻總是盲目得什麼都看不到，不懂得珍惜唾手可得的幸福。**

卡內基快樂學 15

珍惜此刻擁有的一切，別對幸福視而不見！

- 你若想培育平靜、快樂的內在力量，請力行以下法則：細數你擁有的一切福報，眼中切莫只看煩惱。

- 你願意為了十億元出賣雙眼、雙腿或整個家庭嗎？你想想自己擁有的資產就會發現，即使奉上億萬富豪所有的財富都換不來這一切。

- 別等到死神來敲門，才看清自己擁有多少美好事物！正如強森博士所言：「凡事往樂觀層面看的習慣，遠比年薪千萬還要珍貴。」

CHAPTER 16

找到自己、做自己，全世界沒有第二個你！

我無法寫出與莎士比亞並駕齊驅的傑作，但我總是可以寫出自己獨一無二的作品。

——牛津大學英國文學教授華特・雷利爵士（Walter Raleigh）

樂意做自己時，大家都會喜歡你

我手上有一封依蒂絲・歐瑞德（Edith Allred）太太從北卡羅萊納州艾里山（Mount Airy）寄來的信。她在信中寫道：

小時候，我極度敏感且害羞，因為我體重超標，而微鼓的臉頰也相當顯胖。家母觀念古板，認為沒必要縫製漂亮衣服，總是讓我穿得很寬鬆。我從來沒參加過舞會，也沒有開心地出去玩過。上學後，我不曾和同學一起參加室外活動，更沒上過體育課。我的害羞有點反常，時常覺得自己格格不入，完全是個不討人喜歡的女生。

我長大後嫁給年長好幾歲的對象，可是自己一直沒變。我的夫家算是相親相愛又很有自信的家庭，是我可望不可及的目標。我試圖效法他們，但就是做不到。**每次他們想要把我從封閉的小世界裡拉出來，只是把我更推回自己的保護殼中**。我變得緊張易怒，躲著所有朋友，日子久了還每下愈況，連門鈴聲響起都讓我害怕！我知道自己是個失敗者，又很怕被先生發現，**所以每次我們出現在公共場合，我都會強顏歡笑，浮誇地扮演好自己的角色。我知道自己太虛偽，回家後便會難受好幾天**。最後，我過得很不快樂，找不到活下去的理由，於是自殺的念頭開始不斷浮現。

後來卻是一句不經意的評論，改變了我憂鬱的一生！

我的婆婆有一天聊起養兒育女的經驗，她說：「無論發生什麼事，我都堅持讓他們做自己……」**「做自己」，就是這三個字！在那一刻，我突然明白，原來我的一切痛苦都源自於想要把自己套進完全不合用的模子裡**。

我在一夜之間脫胎換骨！我開始做自己，試著研究自己的性格，摸索出我是什麼樣的人。我研究自己的強項，盡可能學習配色與造型，然後穿出屬於自己的風格。我出門結交朋友，並且先從參加小團體做起。一開始面對分組時很緊張，不過我每發言一次就多生出一點勇氣。這段過程花了我很長的時間，但是我至今感受到的快樂卻非以往所能想像。教育兒女時，我也總是與他們分享我自己從痛苦經歷中學到的一課：「無論發生什麼事，堅持做你自己！」

關於是否樂意做自己這個問題，美國牧師詹姆士・高登・基爾祈博士（James Gordon Gilkey）說：「就像歷史一樣古老，從人類誕生之初就存在。」**不樂意做自己，這個問題經常是許多心理疾病的隱性成因**。義裔美籍作家安傑羅・帕崔（Angelo Patri）針對兒女教養議題出版過十三本著作，也在報紙上發表幾千篇文章，他說：「最痛苦的人就是那種明明從裡到外都不同，卻硬要模仿別人的人。」

我曾請教過跨國石油集團的人力資源部門主管保羅．博因頓（Paul Boynton），求職者會犯下的最嚴重錯誤是什麼？他曾面試過六萬名求職者，並且出版相關著作，理當知道這個問題的答案。博因頓回答：「求職者會犯下的最嚴重錯誤就是畫虎不成反類犬。他們總是會試圖給出自認為面試官想聽到的答案，卻不願放下偽裝，坦誠相待。」這種做法行不通，因為沒有人想要假貨，也沒有人想要拿到假鈔。

有一名電車售票員的女兒就是吃盡苦頭才學到這個教訓。她很想成為歌星，但是她有一張闊嘴與滿口暴牙。在夜店獻唱時，她不停拉長上唇想遮住暴牙，還想裝出一副「萬人迷」的樣子。

這時候，台下有一名觀眾聽到她的歌聲，認為她極有天賦。「小姐，聽我說，」他直言，「我一直在觀察你的演出，我知道你為何要這樣遮遮掩掩。你覺得有一口暴牙很丟臉！」女孩當場尷尬得想要鑽地洞了，但這名觀眾繼續說：「但這有什麼必要嗎？一口暴牙是犯了什麼罪嗎？別再遮掩了！你就大方地張口唱歌吧。觀眾看到你落落大方的樣子才會愛死你。還有，」他一針見血地指出，「你想遮掩的暴牙搞不好才是你的搖錢樹哩！」

凱絲．狄莉（Cass Daley）聽進對方的建議，從此不再遮掩暴牙了。從那時起，她一心只想著聽眾。她帶著發自內心的喜悅扯開大嘴唱歌，因此後來成為知名影星、暢銷廣播歌手，反而是其他的喜劇演員都跟著有樣學樣！

複製他人成功絕非捷徑，基因已決定人人獨特

地位卓著的心理學家威廉．詹姆斯曾說，一般人都只開發自身心智潛能的十%，他指的就是那些從來不曾認清自我的人。「和我們最終會成為什麼樣的人相比，」他寫道，「其實我們只能算是覺醒一半。我們都只發揮一小部分自身心智的潛能。概括地說，人類的生活距離自我極限還遠得很。他們擁有各式各樣的潛能，卻總是習慣性地視而不見。」

你我都有這樣的潛能，且讓我們別再浪費分秒擔憂自己無法成為他人。你在這個世界上就是一個全新個體，打從盤古開天以來，不曾出現過和你一模一樣的人；展望無限的未來，也不可能再有第二個人和你一模一樣。遺傳這門新科學讓我們明白，你的父母分別貢獻二十三對染色體，四十六條染色體組合在一起，構成你身上每一樣組織，包含所有決定你繼承何種特質的資訊。美國科學作家安藍．宣菲德（Amram Scheinfeld）說，在每一對染色體中，「都涵蓋成千上萬個基因，有時候單單一個基因就能改變一個個體的一生。」說得真好，我們都是在這種「既奇妙又可畏的方式中」創造而成。

你的父母相遇、結合並生下愛的結晶，單單是你這個個體出生的機率就只有三百兆分之一！換句話說，倘若你有三百兆個兄弟姊妹，他們也可能全都與你毫不相同。這是我自己胡說的嗎？當然不是，這是科學事實。如果你想深入了解，不妨拜讀安藍．宣菲德的著作《你與遺傳》（*You and Heredity*）。

我能這麼堅定地談論「做自己」這個主題，其實是因為我切身體會到它的重要性。我知道自己言之有理，因為我付出慘痛代價才體悟箇中道理。且讓我娓娓道來：當年，我考進了美國戲劇藝術學院（American Academy of Dramatic Arts），第一次從密蘇里州的玉米田來到紐約，立志當上演員。我懷抱著一個自以為天才的想法，自認為看到一條通往成功、簡單又完美的捷徑，一直無法理解為何其他一樣

有志於此的人沒有這麼做——我打算研究當代名噪一時的男星如何在舉手投足之間創造個人魅力，然後我要個別模仿他們最完美的姿態，把自己打造成星光閃閃、不可一世的綜合體。有夠愚蠢的念頭！**我因此浪費生命中寶貴的幾年抄襲別人的作風，直到我這顆石頭腦袋有一天突然開竅，發現我只能做自己，再怎麼努力都不可能變成別人。**

這段痛苦經驗沒有讓我學到一輩子受用的教訓，因為我實在太駑鈍，得再三跌跤才會學乖。幾年後，我動筆撰寫專為商業菁英量身打造的公眾演講工具書，期許它成為膾炙人口的傑作。我的寫作出發點和當初立志當演員一樣：我要借用眾人智慧，匯集在著作裡，讓它成為集大成的代表作。所以我蒐集一大堆公眾演講方面的著作，花了一整年將書中的點子融進我的手稿中。不過最後我還是清醒過來，意識到自己又做了蠢事。東拼西湊的大雜燴實在是過於虛假，不會有商業菁英費事翻閱。於是我把這一年的心血全都丟進垃圾桶，決定重來。這次我對自己說：「你得好好當你的戴爾．卡內基，接受自己的缺點與局限。你不可能成為別人。」所以我不再試著成為其他人的綜合體，反倒捲起袖子做我一開始就該做的事：身為演說家與演說技巧講師，我應該要基於自身經驗、觀察與信念，寫出一本關於公眾演說的教科書。我希望自己永遠記得牛津大學英國文學教授華特．雷利爵士也學到的教訓：**「我無法寫出與莎士比亞並駕齊驅的傑作，但我總是可以寫出自己獨一無二的作品。」**

這些名人，都是在做自己之後才成名

作曲家艾文．柏林（Irving Berlin）給後輩喬治．蓋希文（George Gershwin）的建議是：「做自己。」

他們初次見面時，柏林已經闖出名號，蓋希文還只是個勉強維持溫飽的年輕作曲家，在紐約做一份週薪三十五美元的工作。柏林十分肯定蓋希文的能力，邀請他擔任音樂祕書，週薪連翻兩倍。「不過，請不要接下這份工作，」柏林建議，**「要是你答應了，可能就會變成二流的柏林；但是你若堅持做自己，總有一天你會變成一流的蓋希文。」**

蓋希文謹記柏林的忠告，慢慢演變、進步，最後成為當代美國影響力最大的作曲家之一。

在這一章，我想再提出幾個活生生的實例，好比美國喜劇泰斗查理．卓別林（Charlie Chaplin）、牛仔諧星威爾．羅傑斯（Will Rogers）、廣播節目主持人瑪莉．瑪格麗特．麥布萊（Mary Margaret McBride），以及鄉村音樂歌手兼演員金恩．歐崔（Gene Autry）等人，許多人都和我一樣吃盡苦頭才學到教訓。

當查理．卓別林一開始拍電影時，導演堅持要他模仿當紅的德國喜劇演員，結果卓別林闖不出名堂，直到他開始以自己的風格表演才成名。知名喜劇演員鮑伯．霍普（Bob Hope）也有相似經歷：花了好幾年表演歌舞秀卻始終沒沒無聞，直到他開始做自己，也就是在表演途中穿插笑話，才打開知名度。威爾．羅傑斯在雜耍團表演繩技，從沒開口講過一句話，因此也就無人聞問，直到他發現自己的幽默天賦，開始在表演繩技時加入脫口秀才一炮而紅。

當瑪莉．瑪格麗特．麥布萊第一次做廣播節目時，刻意模仿愛爾蘭喜劇演員卻搞得一塌糊塗；後來她放下身段，真實呈現自己這個來自密蘇里州的鄉下女孩本色，反而成為全紐約人氣最高的廣播明星。

當金恩．歐崔刻意改掉德州口音，穿搭得像是城市佬，並聲稱自己是紐約客時，大家都在背後嘲笑他。不過當他開始重拾斑鳩琴，唱起牛仔民謠之後，金恩．歐崔就踏上成名之路，搖身一變全世界最出名的牛仔，在電影與廣播節目都超搶手。

你在這個世界上就是一個全新個體，這是值得慶幸的事，請善用大自然賦予你的天分。說到底，所有藝術形式都帶有自傳色彩，你只能唱出屬於自己的曲風、繪出屬於自己的畫風、說出自己專屬的經歷，以及環境與遺傳賦予你的故事。**無論好壞，在人生這支樂團裡，你就是得好好演奏自己握在手上的樂器。**

如果當不了太陽，就做一顆星星

正如愛默生在散文集中的〈自助〉一文所說：

人們隨著學識漸長，總會在某個時刻豁然想通，嫉妒相當於無知、模仿等同於自殺。無論好壞，他都得接受自己真實的樣子。雖然遼闊世界充滿真善美，但是唯有在上天賜予自己的專屬沃土辛勤耕耘，才會有收穫。**人人身上蘊藏的力量本質上都是一股全新能量，除了自己，沒有其他人知道你究竟有何能耐；除非你試了，否則也不知道自己的能耐有多高強。**

以下這首出自美國詩人道格拉斯．馬洛克（Douglas Malloch）的詩作也這樣說：

如果你當不了山巔的勁松
就做山谷的灌木
但一定要做溪邊最挺拔那棵
如果你成不了樹，就做一棵灌木

如果你當不了灌木，就做一株小草
為路邊帶來更多的歡笑
如果你當不了大梭魚，就做一隻小鱸魚
但要做湖裡最活潑那條

我們不是所有人都當得起船長，總得有人做船員
但我們每個人都有事可做
有大事去做，有小事去做
我們必須著眼於當前

如果你當不了大道，就做一條小徑
如果你當不了太陽，就做一顆星星
勝負不在於大小
不論做什麼，一定要做到最好！

卡內基快樂學 16

活出燦爛的真實自我，才能照亮美好人生！

- 你若想培育平靜、快樂的內在力量，請力行以下法則：不要模仿別人，讓我們發現自我，好好做自己。
- 不樂意做自己，經常是許多心理疾病的隱性成因。別再浪費分秒擔憂自己無法成為他人，請把時間花在發掘自己的獨特性上。
- 許多名人都是開始做自己後才成名，你在這個世界上就是一個全新個體，請善用大自然賦予你的天分，唱出屬於自己的曲風！

CHAPTER 17

將苦檸檬榨成甜汁，活出加分命運

怒吼的北風造就維京人。

——斯堪地那維亞人古諺

從境遇中學習，把扣分人生變成加分人生

我在撰寫本書期間曾經造訪芝加哥大學（University of Chicago），請教校長羅伯特．梅納德．哈欽斯（Robert Maynard Hutchins）遠離憂鬱的心法。他回答：「我總是努力遵循西爾斯百貨公司（Sears）總裁朱利斯．羅森伍德（Julius Rosenwald）提供的建言：『如果你有一顆檸檬，那就榨成檸檬汁。』」

這就是偉大教育家的作為，但傻子總是反其道而行。如果傻子發現生活給他一顆檸檬，反倒會丟開，然後說：「我沒戲唱了。這就是命運，我一點機會都沒有。」接下來他就會怨天尤人，耽溺在沒完沒了的自怨自艾中。智者收到一顆檸檬則會說：「我能從霉運中學到什麼教訓呢？我要怎麼做才能改善境遇？怎麼做才能將檸檬榨成汁？」

偉大的心理學家阿爾弗雷德・阿德勒（Alfred Adler）終生研究人類的潛能，他總結道：**人類最令人讚嘆的特質之一就是「把扣分人生變成加分人生的能力」**。

我認識的一名女性瑟瑪・湯普森（Thelma Thompson）就是活生生的實例，她的個人經歷既有趣又激勵人心，僅在此分享她告訴我的故事：

戰爭期間，我先生駐紮在加州東南部的一座軍事訓練營，我也搬去和他同住。我恨透那個地方，想到就滿心厭惡。我從來不曾過得如此悲慘。我先生受命留在沙漠進行軍事演習，我則是孤零零地待在狹小的棚屋裡。氣溫高得不像話，就算有仙人掌遮掩，溫度還是高於攝氏五十度。周遭沒有半個人可以和我聊上幾句。熱風颳個不停，所有我吃的食物、呼吸的空氣，全都黏著沙子、沙子、沙子！

我徹底被打敗了，覺得自己很可憐，所以寫信跟爸媽說我已經撐不下去了，想要回家，再也忍受不了多待一分鐘。我寧可坐牢也不願留在這裡！家父的回信只寫了短短兩行字，但這兩行字卻像是魔音傳腦，永遠在我記憶中迴盪，它們完全改變我的人生：「**兩個人從監獄柵欄望出去。一個人看到滿地泥濘，另一個人看到滿天星星。**」

我不斷反芻這兩行字，心中充滿羞愧，於是下定決心要找出當前困境中的光明面。我想看到滿天星星。

我開始和當地人交朋友，他們的反應讓我又驚又喜。當我對當地的織物與陶器表現出感興趣的模樣，他們竟然二話不說就把自己最愛的非賣品當成禮物送給我。我研究各種仙人掌、絲蘭和約書亞樹變化萬千的外型，摸熟草原犬鼠的習性，欣賞沙漠黃昏的壯闊景象，還在漠地中尋找貝殼。幾百萬年前，這裡還是一片汪洋大海時，貝殼就已經靜靜躺在這裡了。

是什麼事讓我產生如此大的轉變？沙漠沒變，但我的心態改變了，光憑這一點，我就像是從人間煉獄躍向充滿驚奇歷險的人間天堂，而且還被自己發現的這個新世界迷得團團轉。我開心到寫下《光明牆》（*Bright Ramparts*）這本小說……我從自造的監獄望出去，看到滿天星星。

瑟瑪·湯普森發現了希臘人在西元前五百年流傳至今的古老真理：「最美好的事最難得到。」到了二十世紀，美國牧師哈利·艾默森·佛斯迪克（Harry Emerson Fosdick）也重申：**「幸福感多半不是源於愉悅，而是源自勝利。」此話不假，勝利則是來自於成就、攻克，將手中的檸檬榨成汁。**

人生轉型，苦澀檸檬變甜美果汁

我曾經拜訪佛州一名快樂農夫，他點石成金，把酸苦檸檬榨成甜美檸檬汁。最初他得到這片土地時沮喪不已，因為土質極度貧瘠，既不能種水果，也無法養豬，除了矮櫟樹欉與響尾蛇，什麼生物都活不下來。但是他做出一件讓所有人都跌破眼鏡的創舉——生產蛇肉罐頭。前幾年我短暫造訪時發現遊客如織，衝著響尾蛇前來參觀的人潮每年高達兩萬人次，生意蒸蒸日上。我看到他取下毒液運往各地實驗室，用以製造抗蛇毒血清；我看到他剝下蛇皮，高價賣給製作女士手提包與鞋履的商家；我看到蛇肉罐頭被運往全世界的客戶手中。我買了一張當地的風景明信片赴郵局寄出，赫然發現上頭的郵戳竟然寫著「佛羅里達州響尾蛇鎮」，向這位把苦澀檸檬榨成甜美果汁的創業家致敬。

我周遊全國時經常有幸結識像這樣發揮過人能力、把扣分人生變成加分人生的人。

《與天為敵的十二偉人》（*Twelve Against the Gods*）作者威廉・波利瑟（William Bolitho）這樣說：**「人生最重要的事並不是善用收益創造獲利，因為任何傻子都知道要這樣做。真正重要之務是從損失中得到教訓，這一步需要發揮智慧，更是智者與愚者之間的差異。」**

波利瑟是在橫遭火車事故失去一條腿之後口出此言，不過我認識另一名失去雙腿後還是能把扣分人生變成加分人生的人。他的名字是班・佛特森（Ben Fortson），我們在喬治亞州亞特蘭大市的飯店電梯巧遇，當時我一走進電梯就注意到，這位先生儘管失去雙腿，神情依舊快活，坐著輪椅停在電梯一角。當電梯停在他指定的樓層，他面帶笑容問我能否稍微移個身子，好讓他可以推著輪椅迴身。「真是抱歉，」他帶著燦亮的暖心笑容說，「讓你這麼麻煩。」

踏出電梯走回房間的途中，我的腦海不斷浮現他的樂觀笑容。所以我回頭去找他，請他分享親身經歷。

「那是一九二九年的事，」他帶著笑容告訴我，「那天我出門去砍一車山核桃枝幹，想架高庭園裡的豆藤。我把一整落枝幹搬上福特貨車，然後開車回家。就在我急轉彎的當下，一根樹幹突然滾到車底下，卡住轉向裝置。整部車幾乎是飛射出路堤，我被猛力甩向樹幹，結果傷到脊椎，雙腿從此癱瘓。

「意外發生那年我才二十四歲，從此我再也不能走路。」

活蹦亂跳的二十四歲年輕人，突然被宣判下半輩子必須與輪椅為伍！我問他當初如何勇敢接受這一切？他回答：「我當然不能接受啊！」**他說自己也曾經憤怒絕望、怨天尤人，憤恨命運不公。不過隨著日子一天天過去，他也漸漸發現，心懷怨懟除了帶來深沉痛苦，什麼好處也沒有。**他說：「我終於明白，周遭親友對我都很寬容友善，所以我最少也應該回報他們等同的善意。」

我追問，那麼多年過去了，現在是不是依然憤懣當年那場意外是可怕的不幸，「我不會這樣想，」他馬上說，「現在我幾乎是感謝這場意外。」他告訴我，自從熬過震驚和憤怒階段以後，他的人生從黑白變彩色。他開始大量閱讀，從此愛上經典文學。他說，十四年來，他至少讀完一千四百本書，它們讓他大開眼界，也讓生活變得多采多姿。他開始欣賞以前避之唯恐不及的古典樂，現在熱愛交響樂到不行。不過最大改變是他擁有大把的思考時間。「人生第一次，」他說，「**我可以用心看看這個世界，體悟真正的價值。我開始明白，以前盡力追求的目標多數都是無足輕重的瑣碎小事。**」

他嗜讀的結果是變得熱中政治、深究公共議題，而且還推著輪椅到處演說！他結識的人越來越多，認識他的人也越來越多。最終，他把輪椅推進州議會，當上喬治亞州的州務卿。

懂得轉化逆境為助力，成就優秀人才

知名德國哲學家尼采（Friedrich Wilhelm Nietzsche）眼中的優秀人才「不僅願意在必要時一肩扛起重任，還會愛上它」。

我越是深入研究職涯成功人士的功績就越相信，他們多數人之所以會成功，都是因為英雄出身低，刺激他們付出堅忍卓絕的努力，因而獲得豐碩回報。正如威廉・詹姆斯所說：「**我們的弱點出人意料地推了我們一把。**」

沒錯，米爾頓失明後創作的詩歌更精妙，貝多芬失聰後譜出的樂曲更超凡。海倫．凱勒既失明又失聰，卻因此激勵她締造輝煌的職涯。

俄國作曲家柴可夫斯基（Pyotr Ilyich Tchaikovsky）要不是被悲慘的婚姻嚴重打擊、幾乎被髮妻折磨得想不開，可能根本創作不出永垂不朽的《悲愴交響曲》（*Symphony Pathétique*）。

倘若俄國作家杜斯妥也夫斯基（Fyodor Dostoevsky）與托爾斯泰的人生從未顛沛流離，可能終身都寫不出萬世流芳的巨著。

「假使我不是這麼孱弱、無用，」讓人類對地球生命科學改觀的男人曾寫，「應該也沒機會完成這麼多研究。」這是查爾斯．達爾文的告白，坦承健康不良意外推了他的事業一把。

哈利．艾默森．佛斯迪克在著作《透視力》（*The Power to See It Through*）說：「斯堪地那維亞人有一句古諺很適合當作我們的人生戰呼：『怒吼的北風造就維京人。』曾幾何時我們竟開始轉念，認定安全舒適的生活、沒有困難的人生，再加上安逸閒散，可以讓人們變成好人、變得快樂呢？實則相反，自憐的人即使躺在軟綿綿的沙發上依然會放任自己無所作為。不過，當我們縱觀歷史，**無論人們遭逢順境、逆境或各種不一而足的普通境遇，唯有扛起自己的責任才能得到真正的幸福**。因此，終年咆哮的北風確實造就了維京人。」

就算我們已經萬念俱灰，覺得人生毫無希望可以將檸檬榨成汁，那麼至少還有兩個應該繼續嘗試的理由。它們足以說明，**既然我們沒有什麼可損失，更有無限的一切等著我們爭取**。

理由一：我們依然可能成功。

理由二：就算我們沒有成功，試圖扭轉人生的這項作為仍能推動我們向前展望，而非向後回顧。它讓積極思維取代負面思維、釋放創造性能量，並激勵我們忙個不停，以至於無暇或無力沉浸於憂傷、緬懷一去不回的過往。

有一次，享譽全球的小提琴大師奧雷．布爾（Ole Bull）正在巴黎舉辦音樂會，琴身上的A弦突然啪一聲斷了。不過奧雷．布爾只是一派悠哉地拉著剩下的三條琴弦完成整場演奏。牧師哈利．艾默森．佛斯迪克說：「**這就是人生，接受A弦突然斷裂的事實，用剩下三條琴弦完成演奏。**」

這種心態不僅僅是懂得如何過生活，更是懂得享受人生。可以說這是人生大獲全勝！

假若我有合法權限，一定會把威廉．波利瑟這句話永遠鐫刻在這片國土上的每一座校園裡：

> 人生最重要的事並不是善用收益創造獲利，因為任何傻子都知道要這樣做。真正重要之務是從損失中得到教訓，這一步需要發揮智慧，更是智者與愚者之間的差異。

卡內基快樂學 17

活用手上的每一張牌，逆境也能成為人生助力！

- 你若想培育平靜、快樂的內在力量，請力行以下法則：如果命運遞給我們一顆檸檬，且讓我們試著榨成檸檬汁。

- 遭遇困境時，心懷怨懟除了帶來痛苦，什麼好處也沒有。

- 請謹記波利瑟的智慧之言：「人生最重要的事並不是善用收益創造獲利，因為任何傻子都知道要這樣做。真正重要之務是從損失中得到教訓，這一步需要發揮智慧，更是智者與愚者之間的差異。」

- 小提琴在演出中途突然斷了一條弦，奧雷．布爾卻能拉著剩下的三條琴弦完成整場演奏，這種心態不僅僅是懂得如何過生活，更是懂得享受人生！

CHAPTER 18

抗憂這樣做，十四天告別憂鬱症

要是你願意身體力行以下處方箋，十四天內就能不藥而癒。那就是，每天想一下，能夠做些什麼事讓周遭的人開心。

——奧地利心理學家阿德勒

使命感足以戰勝憂慮

住在華盛頓州西雅圖市的法蘭克・路普博士（Dr. Frank Loope）深諳戰勝憂慮、享受人生的道理。關節炎讓他不良於行二十三年，不過《西雅圖星報》（*Seattle Star*）記者史都華・魏浩斯（Stuart Whithouse）寫信告訴我：「我採訪過路普博士許多次，從未見過如此無私、如此懂得過生活的人。」

這位纏綿病榻的先生，把威爾斯親王（Prince of Wales）的座右銘「我服事」（Ich dien）當作生活指南，白話說就是「我生來服務眾人」。他留存其他臥床病患的姓名和地址，然後經常寄發洋溢快樂、勇敢字眼的信給對方。事實上，他還為身體不便的患者組織一支寫信俱樂部，鼓勵彼此互通有無、互相打氣。最終他甚至打造「圈內生活」（The Shut-in Society）這家全國性組織。

路普博士臥床期間平均每年寄出一千四百封信，並寄贈收音機、書籍給成千上萬名同樣出不了門的患者，為他們帶來歡笑。

路普博士與其他人的主要差異何在？只有一點：路普博士的內心依然懷抱崇高目標和旺盛使命感。**他深知自己正服事一個超越自身局限、更高尚且有意義的理念，因此滿心歡喜**，他從未落入蕭伯納所形容的：「以自我為中心，心裡有一堆過不去的檻、抱怨不完的委屈，好像全世界都欠他幸福人生似的。」

阿德勒開給憂鬱症患者的抗憂處方箋

關於對抗憂慮，偉大的心理學家阿德勒曾提出一個讓我十分驚豔的解決方案。他總是建議自己的憂鬱症患者：「要是你願意身體力行以下處方箋，十四天內就能不藥而癒。那就是，每天想一下，自己能夠做些什麼事讓周遭的人開心。」

這道處方箋聽起來太不可思議了，因此我認為有必要引述阿德勒博士巨著《自卑與超越》（*What Life Should Mean to You*）的內文加以闡述：

憂鬱症就像是一個人內心長期對他人蓄積著一股憤怒、不滿的情緒，但這是為了得到關注、同情與支持，為了遂行此目的，患者往往會表現出為自己的過錯感到沮喪的模樣。憂鬱症患者最初的記憶通常是這類情景：「我記得我想要躺在沙發上，但是早就被哥哥搶先一步霸占了，於是我放聲大哭，他只好讓給我。」

憂鬱症患者往往傾向以自殺懲罰自己，因此，醫師一開始就要注意的事項是不要提供病患自殺的理由。我自己試圖緩解病患緊張情緒的做法是端出自創療法的第一道守則，建議他們：**「絕對不要做任何自己不喜歡的事。」**這句話聽起來平平無奇，但我相信它能直探所有問題的根源。**假使患者能遂行所願，他還能把責任推到誰的頭上？又還有什麼理由懲罰自己呢？**「如果你想要去看戲，」我會告訴對方，「或是去度假，那就放手去做；但要是半路發現自己又不想這麼做了，那就不要繼續做。」這是任何人自處的最佳情境，因為它滿足患者心中那股渴求優越感的欲望，讓他感覺像自己上帝一樣，可以隨心所欲。另一方面，這種任意行事的做法其實違背了患者原本的生活方式。他既想支配他人，也想把責任推到對方身上，所以要是身邊的人都同意他這麼做，那麼他就失去支配他人的機會了。這道法則十分有效，我所有的病患中沒有任何自殺案例。

一般來說，病患都會回我：「可是沒有什麼事是我想做的。」我太常聽到這個答案了，因此早就有備而來：「那就不要做你不想做的事。」不過，有時候對方會接著回答：「我應該會想要整天躺在床上。」但我很清楚，要是我說那就這樣辦，對方就不會再想要這麼做了；但我也知道，要是我說這樣不太好，那我們倆就等著翻桌子了。所以我永遠都說好啊。

這是其中一道法則。還有另一道攻擊他們生活方式的法則更直接。我會告訴他們：「要是你願意身體力行以下處方箋，十四天內就可以不藥而癒。那就是：**每天想一下，能夠做些什麼事讓周遭的人開心。**」看看這句話會對他們起什麼作用。原本他們滿腦子想的是：「該怎麼做才能讓別人擔心我？」答案五花八門、無奇不有。有人說：「這還不簡單，我這一生就是在做這些事啊。」但其實他們才不是。我會請對方再仔細想想，但他們不會照辦。所以，我會告訴他們：「你可以善用晚上睡不著的時刻，仔細想想如何讓某人開心。光是這一步就能大幅改善你的健康狀態。」隔天我再見到對方時會問起：「你有仔細想想我的建議嗎？」他們都會回答：「昨晚我一上床就馬上睡死了。」當然，你必須小心、友善地處理整個過程，絕對不可表現出一絲醫師的優越感。

其他人則會回答：「我做不到，我太心煩意亂了。」這時我就會說：「那就保持心煩意亂，不過同一時間還是可以偶爾想想別人。」我打算引導他們的注意力從自身轉向周遭其他人。許多人會說：**「我幹麼要讓別人開心？別人就沒有想過要讓我開心。」我會這樣回答：「因為你必須為自己的健康著想啊，以後別人可能也會受苦。」**只是我發現，少有病患真的會說：「我有徹底地思考你的建議。」我盡一切努力想要提升患者的社交意願。我知道，**他們之所以感到憂鬱，真正原因是在於不想與他人合作、互動，所以我想讓他們自己認清這一點。只要他願意站在一種公平、協作的立足點與周遭夥伴連結，馬上就能不藥而癒……**我們對於他人的唯一要求，以及我們給予他人的最高讚賞就是：此人是職場上的好員工、生活中的好朋友，以及愛情與婚姻中的好伴侶。

讓他人露出笑容，就可以大大改變自己的世界

阿德勒醫師力勸我們日行一善，但何謂善行？「所謂善行，」先知穆罕默德說，「就是會讓他人臉上露出笑容的作為。」

為何日行一善可以對身體力行的人產生驚人影響？因為試圖讓別人開心會讓我們暫時忘卻自身：這正是我們煩憂、恐懼與憂鬱的源頭。我可以蒐集一大把這種忘卻自我、找回健康與幸福的故事，並

且寫滿一整本書。

所有求助精神科醫師的病患中，要是他們能做到願意幫助別人，大概有三分之一都可以不藥而癒。這不是我說了算，而是瑞士精神病學家卡爾・榮格（Carl Jung）的忠告。如果要論誰有資格這樣說，肯定就是他。他曾說：「我的病患中，**三分之一並沒有明顯的臨床症狀，他們深受生活空虛、了無意義之苦**。」換句話說，他們都一邊想要搭便車走完人生路，一邊又眼睜睜看著步行人群不斷超前、與自己擦身而過，於是懷著「自己的人生渺小、麻木又無用」的感受跑去精神科求助。他們就像錯過登船時間的乘客，站在碼頭咒天罵地，就是不怪自己，要全世界都繞著他們的期望轉。

這時你可能會嘀咕：「我過著像白開水一樣的生活，每天做一份時長八小時的無聊工作，根本就沒有經歷過什麼戲劇化的大事件，那我要如何生出幫助別人的意願？又為何應該要這樣做？能有什麼好處？」

這是個好問題，且讓我試著回答。無論你的人生有多麼平凡無奇，生活中肯定每天都會遇到一些人。你有想過要為他們做些什麼嗎？你是看著他們與你擦身而過，還是試圖理解他們勤奮工作背後的動機？舉例來說，送貨員每年跑幾百公里遞送你的包裹，但你曾經過問他住在哪裡、他累不累、煩不煩嗎？

在商店打工的男孩、賣東西的小販，他們和你一樣都是人，也有自己的煩惱、夢想和沒說出口的雄心壯志；也都渴望有一個和別人分享心事的機會，但是你曾經聽他們傾訴嗎？你曾經對他們的生活表達誠摯、真切的興趣嗎？這就是我舉這些例子的意思。**你不用是偉大的白衣天使或社會改革家，一樣可以改變世界——改變你自己的世界。你可以從善待明天早晨遇到的人開始做起！**

這樣做會得到什麼好處？更多幸福！更強烈的滿足感與自豪感！亞里斯多德稱這種心態是「開明

的自私」（enlightened selfishness）。波斯祆教開創者瑣羅亞斯德（Zoroaster）則說：「為他人謀福利不是義務，而是喜悅，因為它促進你的身心健康和幸福。」班傑明．富蘭克林也說過：「你對別人好，就是對自己好。」

紐約市心理服務中心主任亨利．林克（Henry C. Link）曾這樣寫道：「就我看來，現代心理學所有的發現之中，唯有自我犧牲和紀律對於自我實現與快樂有必要性的科學實證，別無他項可以與之並駕齊驅。」

想擺脫憂鬱，從對他人感興趣開始

為他人著想不僅能免除老是擔憂自己的問題，更能幫助你在所到之處都能結交朋友，得到無窮樂趣。但是應該怎麼做？關於這一點，我曾問過耶魯大學威廉．里昂．菲爾普斯（William Lyon Phelps）教授有何心法，他這樣回答：

我每次走進飯店、理髮院或任何一家店面，一定會和迎面而來的每個人愉快地聊上幾句。我試著聊一些讓他們自覺被重視的話題，而不只是大機器裡的一顆小螺絲釘。我會稱讚店員；會問候理髮師站一整天累不累，或是問他當初怎麼會走上這一行、做了多久，大概打理過多少人的頭髮，甚至還會一起幫他算。我發現，你對別人感興趣時，會讓對方發自內心笑開來。我曾在酷暑中的某日搭乘火車，並在中午時分走向餐車包廂用餐。這節擁擠的車廂熱得像是待在暖氣房，服務速度又慢得要命。

當服務人員終於有空把菜單遞給我的時候，我順口說了一句：「在後方的高溫廚房裡做菜的廚師肯定熱斃了。」

服務人員驚呆了，只因為我當廚師就是一般人，**而不只是大機器裡的一顆小螺絲釘。每個人想要得到的對待方式，無非是以人為本的尊重**。當我走在路上看到狗主人在溜狗，都會稱讚對方的狗真漂亮。等我繼續往前走幾步再回頭看，多半會發現狗主人蹲下來拍拍狗兒並誇讚牠幾句。我的讚美強化了他的讚賞。

我表達一絲真誠的興趣就能讓對方心情愉快。我讓這隻狗開心，我自己也很開心。

像他這樣所到之處都要與服務人員握手、向待在火爐般的廚房做菜的廚師表達同情，還會對陌生狗主人明言自己有多欣賞狗兒，這樣的人不可能乖戾刻薄、滿腹憂思，需要求助心理學家。有一句話這樣說：**「贈人玫瑰，手留餘香」**。

幾年前，我曾在一對老夫妻家中留宿，當時我正好受邀在他們居住的小鎮講課，隔天一早女主人開車八十公里送我去搭火車。我們在路上聊起交友之道，然後她說：「卡內基先生，我想告訴你一件事，這是一個我從來沒有對別人提過的祕密，就連我先生都不知道。」她告訴我，自己從小是在費城一個領取社會救濟的家庭長大。

我在少女至輕熟女時期的悲劇就是貧窮。我無法像其他女孩一樣享受生活，身上的衣服總是劣質品，早已穿到褪色老舊，而且樣式過時。我覺得很丟臉、很羞愧，半夜常常哭到睡著。最後，我出於深切的絕望想出一個好點子，每次都請約會男伴講述個人的經歷、想法和對未來的計畫。倒不是因為我對對方特別感興趣，純粹是不想要他注意到我的衣著寒傖。但是怪事發生了：我聽著這些年輕男士談論自己，就更進一步了解他們，然後真的變得想聽他們繼續說下去，甚至忘了自己身上仍穿著舊衣。但真正令我驚訝的事情是：因為我善於聆聽，而且很能鼓勵對方暢所欲言，讓他們很開心，所以我逐漸變成那個小社交圈裡最受歡迎的女孩，有三位男士向我求婚。

當年整天想東想西、愁眉不展的女孩，竟是以關心他人吸引好些男士拜倒在她的石榴裙下！**表達出對他人的興趣，對方也會很開心。**想擺脫憂鬱，就試著在生活中這麼做吧！

每個人的快樂都取決於他人的幸福感

如果你對宗教領袖的學說嗤之以鼻，那我們不妨看看幾位無神論者的觀點。首先，我們先看當代最傑出學者英國劍橋大學教授豪斯曼（A. E. Housman）的忠告。一九三六年，他在劍橋大學發表一場演說名為「詩歌的名與實」（*The Name and Nature of Poetry*）。席間他宣稱：「有史以來最偉大的真理、最意義深遠的道德情操就是耶穌的這番話：『得著生命的，將要喪失生命；為我喪失生命的，將要得著生命。』」

這句話我們已經聽牧師說過無數次，但豪斯曼是一名無神論者、悲觀主義者，也是一位認真考慮過自殺的教授，然而連他都覺得，**凡事只想到自己的人不可能過得太開心，肯定只會慘不忍睹；反而是忘我服務他人的人，將會發現生命的歡愉。**

假使豪斯曼的話還沒有打動你，我們再來聽聽二十世紀美國最知名的無神論者西奧多·德萊塞（Theodore Dreiser）有何建言。德萊塞公然嘲弄所有宗教都是童話，認定人生就是「笨蛋說的故事，通篇是噪音和暴怒，根本無關緊要。」不過德萊塞大力倡導耶穌所說「為他人服務」這道真理。「如果我們想要在短短的一生中獲得快樂，」德萊塞說，「**絕對不能只想到自己、只為自己謀福利，也要為其他人著想。因為每個人的快樂都取決於他人的幸福感。**」

如果我們想要遵循德萊塞倡導的「為其他人著想」這條人生路，動作得快一點，切勿浪費時間。正如美國知名傳教士史帝芬·格瑞列特（Stephen Grellet）所說：「人生這條路，我只能走一遍。因此，任何能力所及的善行義舉或慷慨大度，且讓我即知即行。切勿拖延或無視，因為我不會再有機會重走一遍。」

卡內基快樂學 18

為他人多付出一分關心，就能讓你的世界更美好！

- 你若想培育平靜、快樂的內在力量，請力行以下法則：忘卻自我，關心他人。日行一善，讓別人臉上露出喜悅的微笑。

- 當一個人內心懷抱崇高目標和使命感，就能免受空虛感折磨、拋開煩憂，滿心歡喜地面對每一天。

- 我們的快樂取決於他人的幸福感！請不吝對周遭的人表露關懷和興趣，使他們展露微笑，並站在公平、協作的立足點與他人連結。

CHAPTER 19

信仰的力量，帶你度過人生關卡

只懂得一點皮毛的哲學思考會讓人成為無神論者，但深入的哲學思想卻會引導人們的心智投向宗教信仰。

——英國作家法蘭西斯・培根（Francis Bacon）

貧困的農家透過祈禱找到生存力量

我生長在密蘇里州的農場，那個年代農民的日子都不好過，家父、家母養家也一樣艱難。家母一直是鄉下學校老師，家父則是月薪十二美元的農場工人。家母不只親手縫製我的衣服，連洗衣皂都是自己手作。

我們全家十多年來辛苦工作，不僅依舊一貧如洗，甚至還負債累累，因為農地要還貸款。儘管我們卯足全力，卻仍還不起貸款利息，因此放款銀行極盡所能地辱罵家父，威脅要取走他的農地。當時家父已經四十七歲，三十多年來的辛苦勞動只換來債務與羞辱，他已經撐不下去了。他鎮日憂心，健康每下愈況，而且食不下嚥。即使整天都在田裡做粗活，還是得靠吃藥才能刺激胃口。他瘦得只剩皮包骨，醫師告訴家母，他大概只剩六個月壽命。家父深陷憂慮之中，早已失去求生欲望。我常聽家母說起，每次家父去穀倉餵馬或擠牛奶，卻沒在她預期的時間內進家門，她就會跑去查看，深怕他想不開在穀倉自我了斷。有一天，他去梅利維爾市與威脅要取消我們贖回抵押品權利的銀行談判，返家時他停在橋上，內心交戰著是否該跳下去一了百了。

多年後，家父告訴我，**當時他沒有尋短的唯一原因，是家母堅定、恆久、喜樂的信念**，她深信，只要我們熱愛上帝，遵循祂的誡命，最終都會苦盡甘來。家母說對了，到頭來一切真的時來運轉。家父又多活四十二年幸福時光，最終在一九四一年以八十九歲高壽逝世。

在最煎熬、痛苦的年歲裡，家母卻從不擔憂。她每天禱告，將煩惱交給上帝。每晚我們就寢前，家母都會讀一章《聖經》給我們聽，多半會選讀耶穌撫慰心靈的箴言：「在我父的家裡有許多住處……我去原是為你們預備地方去……我在哪裡，教你們也在那裡。」然後我們大家就在椅子前方跪下，在孤單的密蘇里州農舍中祈求上帝關愛與庇佑。

威廉．詹姆斯任教於哈佛大學哲學系時曾說：「的確，治癒憂慮的最佳療法就是宗教信仰。」你不必就讀哈佛大學也能發現這一點，家母正是在密蘇里州的農場裡找到她的真理。無論是洪患、債務或災難，都無法壓垮她的快樂、幸福與必勝精神。她一邊工作一邊哼唱的歌聲，至今依然在我耳際繚繞：

平安，奇妙平安
這是天父所賜的平安
求主的大慈愛充滿我的心

即使是無神論者，也能重新體會信仰的概念

家母希望我獻身宗教事業，我也曾認真考慮成為傳教士。後來我離家念大學，幾年後心態也就漸漸改變了。我研讀生物、科學、哲學和比較宗教學，也拜讀探討《聖經》誕生的著作，開始質疑其中的許多主張。我開始懷疑，那個年代的鄉村牧師對於許多教義的解讀太過狹隘，為此困惑不已。正如美國詩人華特・惠特曼（Walt Whitman）所說，我「感覺到，新鮮的疑問突如其來攪亂我的心」。**我不知道該相信什麼，也看不到生活有何目標可言。因此我停止禱告，變成了不可知論者，相信人生毫無計畫、漫無目的**，也相信人類並沒有比兩億年前在地球上漫步的恐龍肩負起什麼更神聖的目標。我總覺得，終有一天人類都會像恐龍一樣全體滅亡。我知道科學告訴我們，太陽正在緩慢冷卻，就算只是降溫十%，地球上任何形式的生命都將活不成。我嗤笑「仁慈的上帝按照自己的模樣創造人類」這種想法，相信那幾千億、幾兆顆沉浮在冰冷黑暗、死氣沉沉太空中的星球是偶然的產物，但或許它們根本就不是無中生有，而是和時間、空間一樣，原本就是永恆的存在。

難道我現在是自稱找到所有問題的答案嗎？並非如此。沒有人神通廣大到足以解釋宇宙的奧祕，也就是人生的奧祕。我們活在各種神祕中，好比人體運作之道就是深奧的祕密，我們家中的電力系統、從牆縫中冒出頭的花朵、窗外的如茵綠草等比比皆是。通用汽車（General Motors）研究實驗室的天才領導者查爾斯・凱特林曾自掏腰包，每年捐贈俄亥俄州的安蒂奧克學院（Antioch College）三萬美

元，研究為何草葉是綠色。他聲稱，一旦我們找出青草如何將陽光、水和二氧化碳轉化為食用糖，就能改變人類文明。

就連汽車引擎的運轉方式也是深奧的祕密。通用汽車研究實驗室花費數年時間、投資幾百萬美元，就為了找出汽缸中的火花如何引起爆炸性燃燒，驅動汽車行駛上路。

我們無法完全明白身體、電器或燃氣引擎運作的奧祕，這項事實並不妨礙我們使用並享受其好處；同理，我無法完全明白禱告與宗教的奧祕，這項事實也不妨礙我享受宗教為我帶來更豐富、更快樂的人生。最後，我終於體會西裔美籍哲學家喬治・桑塔亞納（George Santayana）的智慧箴言：「人並非生來理解人生，而是生來體驗人生。」

我很想接著說自己找回信仰了，不過事實不然；我其實是找到宗教信仰的另一種新概念，不再關注那些導致教會對立的各種流派宗教，轉而對宗教如何影響個人產生莫大興趣，就像我也熱中發掘電器、美食與自來水對我的影響一樣，這些事物都使我的生活變得更豐富、圓滿與快樂。不過宗教的力量遠大於此。它提供我精神價值，正如威廉・詹姆斯所說，它賦予我「一股全新的生活熱忱……更接地氣的生活，也就是更廣闊、豐富、令人滿足的生活」。它帶給我信念、希望和勇氣，掃除壓力、憂慮、恐懼和擔憂；它帶給我人生的目的與方向，大幅提升我的幸福感與健康活力；它協助我為自己「在生命的流沙中闢出一小處平靜的綠洲」。

三百五十年前，英國作家法蘭西斯・培根說得好：「**只懂得一點皮毛的哲學思考會讓人成為無神論者，但深入的哲學思想卻會引導人們的心智投向宗教信仰。**」

信仰的療癒力，有助於減緩壓力與恐懼

我還記得早些年人們經常談論科學與宗教之間的衝突，不過現在已經偃旗息鼓了。精神病學這門嶄新的科學正傳授耶穌所講述的道理。因為，精神病學家明白，我們所有人罹患的疾病中，半數以上都是擔憂、焦慮、壓力和恐懼所致，而禱告與堅定的信仰足以將之掃出我們的心門。正如他們的領袖之一布里爾博士（Dr. A. A. Brill）所說：「真正虔誠的人不會罹患精神官能症。」

在美國，平均每三十五分鐘就有一人自殺；平均每一百二十秒就有一人精神崩潰。倘若這些自殺或者精神失常的人可以從信仰和禱告中找到安慰，多數慘劇都可以避免。

當代地位最崇高的精神病學家之一榮格博士在著作《尋求靈魂的現代人》（*Modern Man in Search of A Soul*）中說：「近三十年來，世界上各個文明國家的人都曾來找我諮詢，我已經治療過成千上萬名病患。在我所有已跨過三十五歲、邁進人生下半場的病患中，**至今沒有任何一名病患提出的最後一個問題不是在尋找宗教性的人生觀。他們每個人都自覺有病，其實是因為失去各個時代的活躍宗教帶給信眾的人生觀。正因為他們沒有重拾這種宗教性的生活觀，因此從未徹底受到療癒。**」

這則聲明十分重要，因此我標上粗體。

威廉．詹姆斯說過幾乎一模一樣的話：「信仰是人類賴以生存的力量之一，完全缺乏信仰就意味著崩潰。」

「印度聖雄」甘地（Mahatma Gandhi）是佛陀以降最偉大的印度領袖，若不是深受禱告的力量持續鼓舞，他恐怕早就崩潰了。「若非禱告，」他寫道，「我早在很久以前就瘋了。」

成千上萬人都能提出類似的證詞，好比家父。正如前述，若非有家母的禱告和信念在背後支持，

家父或許早已投河自盡。無數備受折磨的靈魂被關入精神病院，**倘若他們在更早之前就尋求更強大的力量從旁協助，或許就無須在這可怕的戰役中單打獨鬥而走上入院一途。**

多數人只有在煩擾不已、瀕臨極限時，才會絕望地向上帝求助，印證俗話所說：**「戰壕裡面沒有無神論者。」但是我們何苦等到絕望時刻？為何非得積累到禮拜日才做，何不每天都重新煥發自身能量？**多年來，我養成在工作週間午後走訪空曠教堂的習慣。每當我感覺行事匆匆，連抽出幾分鐘思考精神層面的議題都辦不到時，就會對自己說：「等等，戴爾．卡內基，暫停一下。何必這樣急急忙忙、衝來衝去？你應該暫停腳步，內觀自省一下。」每次遇到這種情況，我只要看到路上還有敞開大門的教堂就會走進去，並提醒自己：就算我再過三十年就不在人世，教堂傳授的真理卻是永恆不滅。我閉上雙眼、用心禱告，因而發現這樣做可以安撫緊張的神經、放鬆緊繃的身體、澄明紛亂的思緒，還能協助我重新評估自己的價值觀。容我斗膽向你推薦這一套做法。

祈禱帶來的三大實質助益

我在撰寫這本書的六年間蒐集了幾百個範例與具體實證，證明人們可以藉著禱告的力量克服恐懼和憂慮。我的檔案櫃塞滿個案紀錄的資料夾。

為何宗教信仰可以帶給我們安寧、平靜和堅忍毅力？威廉．詹姆斯為我們解惑：「海洋表面波濤洶湧、巨浪翻騰，海洋深處卻是文風不動。對於那些眼光望向更廣闊、更永恆的世界的人來說，當前關頭僅是漫長一生中的零碎片段，根本無足掛齒。真心虔誠的人就會堅定不移，內心滿溢喜悅安寧，並且好整以暇地面對生活可能帶來的一切挑戰。」

當我們憂心、焦慮時，為何不試著求助上帝？為何不像德國哲學家伊曼努爾・康德（Immanuel Kant）所說：「接受對上帝的信仰，因為我們正需要這樣的信仰」？為何不「連結自身與那一股命令宇宙運轉永不止息的無窮動力」？

即使你出於自身意願或被他人耳提面命而不信教，或者你根本是徹頭徹尾的懷疑論者，禱告能為你帶來的幫助都將遠高於想像，因為禱告就是這麼實際有效的做法。我所謂的實際有效是什麼意思？我的意思是，無論你信教與否，禱告都能滿足我們三大基本心理需求：

幫助一：釐清煩惱

禱告能幫助我們精確表達出自己究竟在煩惱什麼。我們在第四章已經了解到，含糊其辭的問題幾乎無法找到對應的解決方案，而禱告就像是把我們的煩惱以白紙黑字寫下來。如果我們想要找出解決問題的方案，甚至是求助於上帝，我們就得形諸言語。

幫助二：得到支持

禱告能讓我們感覺到有人一起分擔身上的重荷，不再一個人孤軍奮戰。我們少有人真的強壯到足以自己一肩扛起最沉重的擔子、最讓人痛苦難忍的煩惱。有時候我們的憂愁本質上太私密，即使對著交心的摯友也說不出口，這時禱告就是你的救贖。任何精神科醫師都會告訴我們，**就臨床治療的經驗看來，感到緊張壓抑、痛苦不安時，向他人傾訴就能帶來良好療效。當我們真的遇到難以啟齒的問題，永遠都可以求助於上帝。**

幫助三：採取行動

禱告是行動的催化劑，堪稱督促我們採取行動的第一步。我很懷疑，是否有人日復一日禱告事事圓滿，卻從來不曾如願；也就是說，只管禱告卻不曾採取行動度過難關。享譽全球的科學家亞歷克西斯．卡雷爾醫師曾說：「禱告是個人自發性產生最強大能量的形式。」那麼，何不好好利用它？

隨你要稱之為上帝、阿拉或聖靈都好，只要這股神祕力量可以在冥冥中引導我們前進，定義根本不是重點。

現在，何不就闔上這本書、關上門、跪在地上，然後卸下心頭的重擔？如果你已經失去信念，那就祈求萬能的上帝幫助你重建信念。請重複誦念七百年前亞西西的聖方濟（Saint Francis of Assisi）所寫的美麗禱詞：

我主，請讓我成為你和平的工具。在仇恨之處，讓我傳遞愛；在傷痛之處，給予諒解；在困惑之處，感受信心；在絕望之處，存在希望；在黑暗之處，點燃亮光；在悲傷之處，充滿喜悅；神聖的主啊！願使我能安慰人，而不須被安慰；使我能了解人，而不必被了解；使我能愛人，而不求被愛；因為在給予中，我們接收；在寬恕中，我們獲得救贖；在死亡中，我們得以永生。

卡內基快樂學 19

尋求信仰的神奇療癒力，助你對抗恐懼、釐清思考！

祈禱具有實際的力量，能帶來三大助益：

- (一) 釐清煩惱：將問題形諸言語，才能找到對應的解決方案。
- (二) 得到支持：傾訴痛苦能減輕內心重擔，帶來良好療效。
- (三) 採取行動：禱告帶來的自發性能量，能催化我們採取行動。

卡內基消除內耗心法 Part 4

八招常保內在平靜與喜悅，走出無畏風雨的人生！

法則 1 讓心中時時充滿平和、勇敢、健康與懷抱希望的思想，因為「思想決定我們的人生」。

法則 2 絕對不要想報復仇敵，這麼做傷己遠勝於傷人，千萬不要浪費一分一秒去想我們根本不喜歡的人。

法則 3 尋找幸福唯一之道就是不期待任何感謝，單單只為內在喜悅全心付出。

法則 4 細數你擁有的福報，不要執著於煩憂。

法則 5 不要模仿他人，找到自我並勇敢做自己，因為「模仿等同於自殺」。

法則 6 當命運遞給我們一顆檸檬，請試著榨成檸檬汁。

法則 7 忘卻自我，為他人創造快樂。「當你對別人好，就是對自己好」。

法則 8 尋求信仰的療癒力量，幫助自己對抗恐懼、釐清煩惱。

PART 5

面對批評不傷身的三大法則

How To Keep From Worrying About Criticism

你是否曾因為遭人批評而大動肝火？你是否曾為了不講理的謾罵傷神？面對不可避免的負面批評，首先應看清惡評背後的心理機制：「批評往往是變相的讚美」，並向成功人士學習應對負評的妙招。若是收到有參考價值的指教，則應虛心接納建言，將之化為進步的動能。以下各章將引導你建立積極健康的自省心態，有效應對生活中的他人意見。

CHAPTER 20

有人氣，酸民才會批評

低俗之人總以偉人的過錯和蠢事為樂。

——德國哲學家叔本華

霸凌現象背後的心理機制

一九二九年發生一件大事，在全美教育界引起轟動。聽到消息的人從各地蜂擁到芝加哥想親眼見證奇蹟。幾年前，名叫羅伯特．梅納德．哈欽斯的小夥子一路從服務生、伐木工、家教和晒衣繩業務員等工作做起，靠自己力爭上游念到耶魯大學畢業。僅僅再過八年，他就被任命接下芝加哥大學校長一職。如今，芝大不僅是全美第四富有學殿，新校長更只有三十歲。簡直令人難以置信！老一輩學者聽到消息全都一個勁地搖頭，批評聲浪有如潮水般湧向這位「奇蹟少年」，嫌他太年輕、沒經驗，又說他的教育理念簡直荒唐，就連媒體也都加入酸民陣營。

羅伯特．梅納德．哈欽斯上任當天，一名友人對他的父親說：「今天一早我看到報紙的社論版公然抨擊貴公子，真是震驚。」

「是啊，」老哈欽斯回答：「措辭確實是很苛刻沒錯，但請謹記，有人氣，八卦才會上身。」

老哈欽斯所言極是。**人只要越紅，是非就越多，酸民也越容易從攻擊行動中得到滿足感。**威爾斯親王（Prince of Wales）在即位成為愛德華八世（Edward VIII）之前就被迫明白這項道理。他曾就讀位於英國德文郡的達特茅斯學院（Dartmouth College），這間學校的性質相當於美國馬里蘭州首府安那波里斯市的海軍官校（Naval Academy），當時親王才十四歲。有一天，海軍長官發現他在哭，於是問他發生什麼事。一開始他拒絕回應，最後才坦言：幾名海軍學員踹了他幾腳。海軍准將把幾名霸凌者找來，劈頭就說親王本人沒有惡言抱怨，但他自己想知道親王做了什麼事引發其行為。

一開始這幾名學生支支吾吾，最後才招認，這麼做只是為了將來當上指揮官時，能夠吹噓自己曾經踢過國王！

如果你也被人踹了一腳或是遭到批評，請謹記，霸凌你的人多半是覺得，這樣一來，自己的重要性似乎也跟著提升了。**霸凌行為經常出自被霸凌者頭上戴著吸引他人注意力的光環，霸凌者因此欺負這些比他有教養或比他成功的對象，從中得到一種野蠻的滿足感。**舉例來說，我在寫作本章的期間收到一名女性來信，她在信中詆毀救世軍（The Salvation Army）創辦人卜威廉將軍（General William Booth）。我曾經在廣播節目中公開讚賞卜威廉將軍，因此這名女性來信指控，卜威廉將軍表面上向各界募資協助窮人，檯面下卻私吞了八百萬美元。當然，這項指控十分荒謬可笑。但這名女性顯然不是真的想要追根究柢，她只是想要毀掉遠比自己高尚的人，尋求一種卑鄙的滿足感。我把這封尖酸刻薄的信丟進垃圾桶，一邊慶幸自己沒有娶到這種女性。她的信並沒有讓我更了解卜威廉將軍的為人，反倒是把她看個清楚。多年前，叔本華就曾經說過：「低俗之人總以偉人的過錯和蠢事為樂。」

有功之人也會受到不公平的攻擊

很少人會視耶魯大學校長為低俗之人，但耶魯大學前任校長提摩西．德懷特（Timothy Dwight）卻以貶損美國總統候選人為樂。這位前耶魯校長警告，一旦對方當選美國總統：「我們就會看到自己的妻女成為賣淫合法化的受害者、受到莫大羞辱和嚴重汙染，從此與美德、貞操絕緣，甚至人神共憤。」

被痛罵的對象是湯瑪士．傑佛遜（Thomas Jefferson），也就是寫下《獨立宣言》的民主先驅。沒錯，就是他。

你覺得有哪位美國人會被眾人譏諷是「偽君子」、「假面槍手」與「只不過比謀殺犯好一點」？有一則報紙漫畫甚至還描繪他跪伏在斷頭台上，一把大刀正準備落下。當他穿過大街，群眾也大聲嘲弄他。這個傢伙到底是誰？是「美國國父」喬治．華盛頓。

不過這些都是陳年往事了。或許如今人性已經大有進步？我們繼續往下看，不妨以美國海軍上將裴里（Admiral Robert Edwin Peary）為例。一九〇九年四月六日，這位偉大的探險家成功乘坐雪橇抵達北極，轟動全世界，因為幾百年來，無數勇者挑戰這項艱鉅目標，卻都吃盡苦頭、飢寒交迫，最終敗給死神。寒冷和飢餓也將裴里折磨得只剩下半條命，好比雙腳有八根腳趾因為嚴重凍傷，不得不截肢保命。他在途中三番兩次遭逢重大危機，深怕自己終有一天會精神崩潰。豈知他實在得到太多掌聲與名聲了，這讓他置身華盛頓特區的長官暴跳如雷，指控他以科學探險為名吸金，跑到北極圈「遊手好閒、無所事事」。或許他們真心相信指控都是事實，畢竟，若要你拒絕相信自己想要相信的事情，堪稱是不可能的任務。他們決意羞辱、圍堵裴里的意志如此堅定，麥金利總統（William McKinley）甚至得親自下令才能讓裴里繼續在北極探險。

假如裴里只是華盛頓特區海軍總部辦公室裡一名不起眼的員工，會引來這些非難嗎？當然不會，因為太無足輕重，根本沒有人會費事嫉妒他。

格蘭特將軍（Ulysses S. Grant）的下場甚至比海軍上將裴里更慘。一八六二年，格蘭特將軍率領北軍打贏第一場重要的關鍵戰役，這是一場只用一個下午就打贏、讓格蘭特將軍一夕成為全民英雄的勝利，甚至連遠在大西洋另一頭的歐洲也傳來巨大回響，讓教堂鐘聲、慶祝篝火一路從緬因州綿延到密西西比河畔。但是，僅僅在取得這場偉大勝利六週以後，這位北方英雄卻被逮捕，隨後還被剝奪軍權。羞辱和絕望讓他流下男兒淚。

格蘭特將軍為何會在勝利的巔峰被逮捕？**一大原因便是引起那些傲慢的上級長官嫉妒和眼紅。**

卡內基快樂學 20

當惡意批評找上門時，請視為另一種讚美！

- 面對他人的無故批評時，請謹記：不公批評往往是變相的讚美，有人氣，八卦才會上身。
- 人只要越紅，是非就越多，酸民也越容易從攻擊行動中得到滿足感。就連功績卓著的「美國國父」喬治・華盛頓也難逃遭受猛烈抨擊的命運。
- 如果你也被人踹了一腳或是遭到批評，請謹記，霸凌你的人多半是覺得，這樣一來，自己的重要性也會跟著提升。

CHAPTER 21

面對負評，這樣做最聰明

假如我真要聽取來自四面八方的所有抨擊，就不可能有時間做別的事了，遑論還要一一回應。

——林肯

對批評的反應：從極度敏感到自主決定的轉變

我採訪過美國少將史梅利．巴特勒（Smedley Butler），在所有美國海軍陸戰隊將領之中，他擁有數一數二的傳奇色彩與跋扈個性。

巴特勒告訴我，他年輕時極度渴望受人歡迎，總想著在他人心中留下好印象，所以就連一丁點的批評都會讓他難受、心痛。不過他坦承，三十年的軍旅生涯已經讓他練就一身厚黑功力，「我被辱罵、受汙衊，」他說，「還被說成是卑鄙可恥、蛇蠍心腸又無恥的小人；我也被老兵詛咒，所有不堪入耳的字眼都曾經被用在我身上，但這些有影響我嗎？哼！我告訴你，現在就算有人咒罵我，我也根本懶得回頭去看是誰！」

或許你會覺得老巴特勒似乎對批評過於冷感，不過有一點不言自明：我們多數人把衝著自己而來的嘲諷和攻擊看得太嚴重了。我記得許多年前曾有一名《紐約太陽報》（*The New York Sun*）的記者參加我的一堂示範課，回去以後寫了一篇冷嘲熱諷的文章。我大為光火，立即打電話給《紐約太陽報》執行委員會主席基爾．哈吉斯（Gil Hodges），厲聲要求他刊文澄清事實，並停止這種酸言酸語。我一心想要讓他們為自己的行為付出相等的代價。

現在，我不禁為當年的衝動感到相當慚愧。如今我明白，花錢買報的讀者裡，五十％根本就不會瞄一眼那篇文章，另外五十％就算看了也只會一笑置之；真正認真讀過這篇文章的人之中，大概也會有半數在幾個星期內就將內容忘得一乾二淨。

如今我明白，**人們其實不關心你我說了什麼，也不在乎誰說了你或我什麼，他們滿腦子只想到自己**，打從一早醒來到半夜上床入睡前十分鐘為止皆是如此。就算他們只是犯一點頭痛之類的小毛病，在乎這些小毛病的程度也遠勝過在意攸關他人死活的新聞一千倍。

就算我們被騙、被笑、被出賣、被別人在背後捅一刀，甚至有六分之一的機率被最要好的朋友背叛，都不要放任自己永無止境地耽溺在自怨自艾的漩渦裡；反之，且讓我們提醒自己，這就是耶穌的親身遭遇。他最親密的十二門徒之一只為了幾文錢（換算成當今的價值約莫是十九美元）賄賂，就自甘墮落成為叛徒；另一個門徒則是在耶穌身陷牢獄時馬上切割雙方關係，三次公然聲稱根本不認識耶穌。這就是六分之一的機率！這就是耶穌的親身遭遇，那麼，你我又憑什麼指望得到更好的待遇？

多年前我就發現，雖然我無法阻止他人的歪理批評，但我可以做更重要的事情：自主決定要不要讓這些酸言酸語煩擾我。

成功人士面對群眾批評的妙招

我不是主張把所有批評當耳邊風，我說的是對「歪理」批評聽而不聞。幾位成功人士這樣做：

白宮第一夫人當自己是堅定不移的瓷器

我曾問過艾蓮諾．羅斯福如何處置他人的無故批評。她這一生聽過不知多少批判，因為她或許是所有住進白宮的第一夫人中朋友最多、敵人也最多的人物。

她告訴我，自己年輕時幾乎是害羞到有點病態，總是提心吊膽別人怎麼說她。她實在太害怕批評了，於是去請教她的阿姨，同時也是西奧多．羅斯福（Theodore Roosevelt）的胞姊，請對方指點迷津。她說：「我想做一件事，但我又很怕被罵。」

小羅斯福的姊姊望進她的眼底，只說了一句話：「只要你內心相信自己做得對，不管他人說什麼，絕對不要被影響。」艾蓮諾．羅斯福告訴我，事實證明，她住進白宮以後，這一句忠告就像巨巖一樣堅定不移。她還告訴我，我們想要免遭批評，唯一做法就是像一座德國德勒斯登瓷器一樣定在架子上。「反正你橫豎都會被批評，這樣做會有人不滿，那樣做也會有人生氣。所以，只要做你內心相信自己做得對的事情就好。」這就是她的建言。

企業總裁撐傘擋住批評

馬修．布魯許（Matthew C. Brush）擔任美國國際公司（American International Corporation）總裁時，我曾問他是否在意他人的批評，他回答：

沒錯，早年我對批評十分敏感，當時一心想讓所有員工都認同我是完美老闆；倘若他們不做如是想，我就會煩惱得要命。我會試圖討好第一個對我表達不滿的人，但現實是，一旦我安撫他，又會招致其他人的怒火；然後當我搞定第二個傢伙，後面馬上又會冒出更多酸民。最後我終於發現，我越是試圖息事寧人，以免被點名批評，反而會製造更多敵人。後來，我就對自己說：「如果你不想害自己深陷困境，就要認清，不管走到哪裡都會被批評，你就接受現狀吧。」這句話對我自己幫助很大。從那時起我就定下一條規矩，凡事但求盡心盡力，同時我會撐起一把心傘，讓批評聲浪順著傘面落地，但不會從我的頭頂澆下，溼了全身。

樂評家用幽默化解謾罵

美國音樂評論家狄姆斯．泰勒（Deems Taylor）更高竿：他不僅當眾讓雨水從頭頂澆下、溼了全身，還可以一笑置之。我們無法不對能夠輕鬆看待批評的人肅然起敬，無法不佩服他的沉著、堅定與幽默感。

某個星期天下午廣播電台的音樂節目中，他應邀在紐約愛樂交響樂團的曲目之間發表評論，之後有一名女性來信斥罵他是「騙子、叛徒、陰險小人、蠢蛋」。泰勒先生在著作《人與音樂》（*Of Men and Music*）中說：「我高度懷疑，她根本不關心我到底說了什麼。」再隔一週，他在廣播節目上對著百萬名聽眾唸出這封信的內容，因為隔沒兩天同一名女性再度來信，泰勒先生說：「依然罵我是騙子、叛徒、陰險小人、蠢蛋，表達她原汁原味的意見。」

面對不講理的謾罵，回嘴是最浪費時間的做法

美國鋼鐵大亨查理．施瓦布在普林斯頓大學（Princeton University）全體師生面前致辭時曾坦承，這輩子學到最重要的一課是他的一名德國老員工教的。這名老員工和一群同事產生激烈糾紛，結果他們把他丟進河裡。「當他來到我的辦公室，」施瓦布先生說，「全身泥濘且溼透。我問他，後來對那些把他丟入河中的同事說了什麼，他回答：『我只是大聲笑出來。』」

施瓦布先生聲稱，從此以後他就將這名德國老員工說的這句話當成座右銘：「一笑置之就好。」當你成了不講理謾罵的受害者，這句座右銘特別合用。**你可以和別人你一言、我一語地爭個沒完，但是你要怎樣和一個「只是大聲笑出來」的人爭辯？**

批評砲火輪番猛攻時，回嘴是最愚蠢的做法。假使林肯不知道這個道理，美國內戰期間他可能早就被壓力搞垮。林肯應對評論家的妙招已經成為文學界的經典語錄，二戰期間，美國統帥麥克阿瑟將軍（General Douglas MacArthur）將他的語錄印了一份副本掛在總部辦公桌上方；邱吉爾也裱框一份掛在自家牆上。林肯是這麼說的：「假如我真要聽取來自四面八方的所有抨擊，就不可能有時間做別的事了，遑論還要一一回應。我竭盡一己所能，全力以赴，而且我將會認真堅持到最後一刻。**如果最終事**

實證明我做對了，這一切酸言酸語都不再重要；但假使最終事實證明我做錯了，那麼就算十大天使異口同聲宣示我沒錯，亦將枉然。」

卡內基快樂學 21

面對他人謾罵抨擊，千萬不要隨之起舞！

- 遭受不講理的謾罵抨擊時，請謹記以下法則：凡事但求盡心盡力，但也別忘為自己撐起一把心傘，讓批評聲浪順著傘面落地。
- 人們其實不關心你說了什麼，也不在乎誰說了你什麼，他們滿腦子只想到自己。因此，面對酸言酸語，一笑置之即可，不要讓它煩擾你的心。
- 批評砲火輪番猛攻時，回嘴是最愚蠢的做法。不妨效法林肯的應對方式，讓事實來證明一切。

CHAPTER 22

「我或許錯了」，思考不同意見

你向來只願意向那些敬佩你、善待你且和你同一國的人學習嗎？
但那些拒絕你、否定你且與你作對的人，不是也同樣讓你學到許多寶貴教訓嗎？

——美國詩人華特・惠特曼

養成回顧與記下反省的習慣，犯錯率大大降低

我的私人檔案櫃有一個命名為「蠢事」的資料夾，專門記錄那些我做過以後心生罪惡感的事情。有時我會口述概要請祕書聽寫，但如果蠢事本身實在太私密、太愚蠢，根本說不出口，我就會自己動筆寫下來。

至今我還記得，十五年前我將戴爾・卡內基的自評表收進「蠢事」資料夾，假使我真的完全坦白以告，這個資料夾恐怕早就已經滿到再也塞不進一張紙了。三千多年前，以色列開國國王掃羅（Saul）說的這句名言我深有同感：「我是糊塗人，大錯特錯。」

拿出「蠢事」資料夾重讀歷年的自評表，有助我處理史上最棘手的問題：管好戴爾・卡內基這個傢伙。

以前我常把自己的問題怪罪到他人身上，但隨著年歲漸長，我希望智慧也跟著增長，這才從層層分析中體認到，自己正是所有問題的罪魁禍首。許多人都是隨著人生閱歷增加才發現這一點。「除了我自己，」拿破崙在聖赫倫那島上時這麼說，「我的失敗不該歸咎於任何人。我才是自己的頭號大敵，也是自身悲慘命運的起因。」

論及自我管理與評估，且容我分享精通此道的代表人物H・P・哈威爾的故事。一九四四年七月三十一日，他在紐約大使飯店（Hotel Ambassador）身故的新聞傳遍全國時，整條華爾街都為這位美國金融業領袖深感痛惜。當年他是商業國家銀行（Commercial National Bank）與信託公司（Trust Company）董事會主席，也身兼幾家大型企業的董事。他幾乎沒有接受過什麼正規教育，職涯始自鄉間小店的記帳員，然後向上晉升至美國鋼鐵公司信貸經理，再一路攀至高位、坐擁大權。

當年我請哈威爾先生說明自身成功心法時，他告訴我：

多年來，我都會帶著一本行事曆登記所有行程，我的家人絕不會在星期六晚上安排任何活動，因為他們都知道，星期六晚上是我固定回顧當週工作並自省、自評的時段。晚餐過後我就會起身離席，打開行事曆，回想從週一上午起發生過的所有會面、討論與會議。**我會自問：「當時我犯了什麼錯？」「我做對了什麼事？怎樣才可以改進表現？」「我可以從那段經歷學到什麼教訓？」**有時候我發現，當週回顧會讓我很沮喪，不時會被自己的蠢行驚呆。當然，隨著時間拉長，這類蠢事發生的頻率也逐漸降低。年復一年，這套自我反省的做法裨益我的程度，遠勝於我試過的其他方式。

或許哈威爾的自省術是借鑑班傑明．富蘭克林的做法，不過富蘭克林從來不等到週末，而是每晚都會自我審視。他發現自己經常犯下十三項嚴重錯誤，以下列舉其中三項：**浪費時間、煩憂瑣事、與他人爭執。明智的富蘭克林明白，除非他掃除這些障礙，否則人生只會原地打轉**。所以他決定以一星期為單位，每天都努力消滅一種短處，並記錄是否贏了這場拉鋸戰。隔週，他會再挑出另一項壞習慣，掄起拳頭與它纏鬥。富蘭克林保持每週與弱點奮戰的習慣超過兩年。

難怪他會成為最受全國人民愛戴、影響力最強大的偉人！

率先當自己的批判者，找出解決方案

美國作家阿爾伯特．哈伯德（Elbert Hubbard）說：「人每天至少會犯傻五分鐘，此限之內方稱智慧。」

小鼻子、小眼睛的人聽到最輕微的批評都會怒火中燒，智者反而會急著向責備他、非難他及「意見相左」的人學習。華特．惠特曼便曾說：「你向來只願意向那些敬佩你、善待你且和你同一國的人學習嗎？但那些拒絕你、否定你且與你作對的人，不是也同樣讓你學到許多寶貴教訓嗎？」

我們與其坐等宿敵人身攻擊或批評我們的作為，不如搶先成為自己最毒舌的評論家，在宿敵有機會開口之前，就先找出自身所有缺點的解決方案。這就是查爾斯．達爾文的做法。事實上，他花了整整十五年挑剔自己的毛病。這段經歷如下：達爾文完成不朽巨著《物種起源》（*On the Origin of Species*）

初稿後，很清楚一旦公開發表這套革命性學說，就會撼動知識界和宗教界。所以他就假裝自己是評論家，花了十五年查核數據、質疑論證過程並批評結論。

假設有人貶損你是「沒救的蠢蛋」，你會怎麼辦？生氣？憤慨？但林肯是這麼做的：

艾德恩．史坦頓是林肯的戰爭部部長，但他曾經斥罵林肯是「沒救的蠢蛋」。史坦頓憤憤不平的原因是林肯曾經干預他的決定。當時林肯為了取悅某位自私的政客，簽署一項兵團轉移的命令。史坦頓不僅拒絕執行，更咒罵林肯簡直是沒救的蠢蛋，才會簽下這一紙命令。他的下場如何？當第三者對林肯轉述這番話，他只是平靜地回答：「如果史坦頓說我是沒救的蠢蛋，那我就一定是。因為他幾乎總是預測神準。我會跑一趟聽聽他怎麼說。」

林肯真的去見了史坦頓，而且被後者說服這紙命令簽錯了，於是他收回成命。**一旦林肯知道批評出於真心、有憑有據，而且本質上對眾人有益，就會敞開心胸廣納建言**。

我們也都應該張開雙臂接納這類批評，因為我們不該奢望自己正確的機率高於七十五％。至少西奧多．羅斯福自承，他在入主白宮期間，若能有這麼高的正確率就很滿意了。當代思想最深刻的名家愛因斯坦坦言，他做出的結論中，九十九％都是錯的！

抱持「我或許錯了」的心胸，傾聽評論

法國思想家拉羅什福柯（Francois de La Rochefoucauld）說：**「我們敵手的看法，要比我們對自己的看法更貼近真實。」**

我知道這句話十之八九是說對了，不過每當有人打算批評我時，我還是常常忘記反身自省，立刻跳起來反駁，即使根本不知道評論家究竟想說些什麼。我很討厭自己每次都這麼衝動。無論褒貶之詞是否公正，我們總會出於本能趨吉避凶。人類並非理性的動物，而是感性的動物，在情感這片風雨交加、黑暗深沉的大海中，我們的邏輯簡直就是汪洋中的一條船。

聽到有人說自己的壞話，且讓我們不要動怒，只有傻子才會每次都被激怒；且讓我們常保初衷、謙虛，而且要做得高明！讓我們把批評家耍得團團轉，為自己贏得讚賞！

我們在前一章提到，當你遭到不講理的謾罵攻擊時該怎麼做。在此僅提出第二個建議：**當你覺得自己受到不公正的責難而怒氣高漲時，何不暫停下來對自己說：「等一下……我也遠遠不是完人。要是連愛因斯坦都承認自己做出的結論中九十九%是錯的，搞不好我至少也有八十%都是錯的。**或許我確實該受到責怪。要是我真的做錯了，那就應該心懷感激，而且要試圖從中學到教訓。」

牙膏商白速得公司（Pepsodent Company）前任總裁查爾斯．洛克曼（Charles Luckman）每年斥資一百萬美元請演員鮑伯．霍普出演廣播節目，但**他從來不讀對這個節目歌功頌德的讚美信，只看批評指教的來函。因為他知道自己可以從中學到教訓**。

福特汽車為了找出管理和運營上的差錯，會對全體員工進行意見調查，鼓勵他們批評公司政策。

我認識一名甚至會主動尋求批評的肥皂業務員。當他初次開始推銷高露潔（Colgate）的肥皂時，

訂單總是來得慢吞吞。他很擔心會丟飯碗，因為他知道肥皂本身的品質和定價都沒有任何問題，心想毛病一定是出在自己身上。每當他搞砸交易時，總會徘徊街頭，試圖釐清是哪個環節出差錯——是他說明得不夠清楚嗎？看起來缺乏熱情嗎？有時他會回到商家面前問個清楚：「我不是要回來糾纏您向我買肥皂，但我想聽聽您的建言與批評。您介意告訴我，稍早我試圖向您推銷時哪裡做錯了嗎？您遠比我更經驗豐富、更成功出色，請您務必給我一些指教。直言無妨，無須手下留情。」

這種態度為他贏得許多朋友與彌足珍貴的忠告。

你猜猜此人後來的發展如何？他一路高升成為全球最大肥皂製造商之一高露潔的總裁。他就是鼎鼎大名的E．H．立特（E. H. Little）。

你若想效法哈威爾、富蘭克林與立特，就得先成為心胸寬大之人。現在，不妨趁著四下無人時照照鏡子並捫心自問，你能否也躋身大度之列！

卡內基快樂學 22

培養反身自省的習慣，將批評化作進步動力！

- 請記下自己做過的蠢事並自我評判，自問：
「當時我犯了什麼錯？」
「我做對了什麼事？怎樣才可以改進表現？」
「我可以從那段經歷學到什麼教訓？」
- 與其坐等宿敵攻擊或批評我們的作為，不如搶先成為自己最毒舌的評論家，找出自身所有缺點的解決方案。
- 當你覺得自己受到不公正的責難而怒氣高漲時，何不暫停下來，尋求有益且積極的批評。這麼做也將為你贏得友誼和珍貴的忠告！

卡內基消除內耗心法 Part 5

無須煩惱遭受他人批評，三大法則讓你保持平常心！

法則 1

批評經常是變相的讚美，意味著你已經引起他人豔羨。請謹記：有人氣，八卦才會上身！

法則 2

凡事但求盡心盡力，但也別忘為自己撐起一把大傘，讓批評聲浪順著傘面落地。

法則 3

請記下自己做過的所有蠢事並自我評判。既然我們做不到事事完美，不妨積極尋求公正且有益的批評。

PART 6

終結
內耗人生的
六大策略

Six Ways To Prevent Fatigue And Worry And Keep Your Energy And Spirits High

你是否輕忽了疲勞帶來的危害，落入過勞和內耗的負面循環？
疲勞不僅讓人更容易陷入憂慮，也會拖垮工作效率和判斷力。因此，學會有效休息、快速放鬆，並打造更無壓、更快樂的職場環境，是所有商業菁英必學的重大課題。以下各章節將教你如何養成良好習慣和正向心態，就此告別內耗人生！

CHAPTER 23

疲勞上身之前就要先休息

休息不代表什麼事都不做。休息就是修復。

——心理學家丹尼爾・賈斯林（Daniel W. Josselyn）

學會放鬆，就能有效遠離煩憂

我為何要在一本討論消除煩憂的書裡花一章說明消除疲勞的重要性？道理很簡單，**因為疲勞往往會催生憂慮，或至少是引導你變得更容易憂慮**。任何醫學系學生都會告訴你，疲勞會降低身體抵抗普通感冒和幾百種其他疾病的能力，也會壓抑個人抵禦恐懼和憂慮等負面情緒的能力。因此，消除疲勞有助遠離煩憂。

「有助」遠離煩憂，這還算是客氣的說法，美國醫師艾德蒙・傑考森（Edmund Jacobson）的用詞激進多了。傑考森醫師出版了《漸進式放鬆》（*Progressive Relaxation*）、《一定要放鬆》（*You Must Relax*）兩本書，也曾擔任芝加哥大學臨床生理學研究室主任，他花了許多年實驗以放鬆作為醫療方法的成效。他聲稱，**任何神經緊張或是情緒波動「在徹底放鬆的狀態下都會消失」**。換句話說：**一旦你放輕鬆，就不會再受憂慮所苦**。因此，消除疲勞與煩憂的首要之務就是：多休息。而且，在你感覺到疲累之前就要先休息。

這一點之所以重要，是因為疲勞累積的速度驚人。美國陸軍反覆測試後發現，即使是歷經多年部隊訓練、練就一身堅韌體能的年輕士兵，只要讓他們每小時卸下軍事包十分鐘，行軍就能走得更遠、更久。於是陸軍便規定士兵得這樣做。你的心臟就像陸軍一樣精明，每天它都會抽打總量約可裝滿一輛鐵路油罐車的充足血液供應全身，發揮足以將二十噸煤炭往上舉高至一公尺高平台的能量。它就這麼每天完成大量工作，五十年、七十年、甚至九十年如一日，但為何它受得了？美國哈佛醫學院醫師華特．坎農（Walter B. Cannon）解釋：「多數人都以為心臟做工從不停歇，但事實上心臟每次收縮完之後，都會休息一定的時間。若依心臟平均每分鐘跳七十下計算，實際工作量只有九小時，也就是說每二十四小時總共會休息十五小時。」

小睡片刻的驚人修復能力

二戰期間，溫斯頓．邱吉爾即使已經從六十歲邁入七十歲大關，六年間依舊每天工作十六小時，直接指揮大英帝國的戰略布局，堪稱創下驚人紀錄。箇中祕訣何在？每天早上起床到十一點為止，他都躺在床上讀報告、下指令、通電話，甚至主持重要會議；午餐後他再度躺上床午睡一小時；晚間他依舊爬回床上睡兩小時，直到八點起床吃晚餐。他無須消除疲勞，因為他早已防範在先。正因為他頻繁休息，因此可以精神抖擻地長時間工作到深夜。

具備獨創性的洛克菲勒締造了兩大非凡紀錄，一是累積當代全球僅見最龐大的財富，二是活到九十八歲。他是怎麼辦到的？當然，最主要的原因是長壽基因的遺傳，但另一個原因就是每天中午他習慣在辦公室打盹半小時。一旦洛克菲勒躺上辦公室的沙發午休，就連美國總統來電都別想叫得動他！

心理學家丹尼爾・賈斯林在著作《為何累斃了》（*Why Be Tired*）中觀察到：「休息不代表什麼事都不做。休息就是修復。」**撥一點點時間休息的做法其實具有驚人的修復力，即使只是打盹五分鐘都可以預防疲勞！**美國職棒傳奇教頭康尼・梅克（Connie Mack）告訴我，要是比賽當天下午沒有小睡，球賽打到第五局就沒力了；但是只要打個盹，即使只有五分鐘，他也能撐完連打兩場的賽程。

我曾詢問艾蓮諾・羅斯福，入主白宮十二年間如何應付繁瑣又冗長的行程？她回答，每次接見民間團體或發表演說前，她多半會先坐在椅子或沙發上花二十分鐘閉目養神。

紐約市麥迪遜廣場花園（Madison Square Garden）舉行世界牛仔競技會時，金恩・歐崔可說是眾所矚目的明星，當時我就在他的更衣間採訪他，瞄到室內有一張行軍床。「我每天下午都會上床躺一下，」金恩・歐崔說，「在演出的空檔假寐一小時。我在好萊塢拍片時，常會在一張大椅子上打盹十分鐘，之後便會感到精神大振。」

發明大王愛迪生同樣將他的無窮精力與毅力歸功於想睡就睡的習慣。

找空檔躺平放鬆，回血率大增

我曾有幸在亨利・福特年屆八十歲之前採訪他，令我大感意外的是，他看起來神采奕奕、氣色紅潤。我向這位大忙人請教保持精神的祕訣，他說：「我如果可以坐，就絕對不站；如果可以躺，就絕對不坐。」

「現代教育之父」霍拉斯・曼恩（Horace Mann）上了年紀之後也這樣做。他在擔任安蒂奧克學院院長時總是一邊與學生談話，一邊在沙發上伸懶腰。

我曾經勸告一位好萊塢電影導演嘗試類似技巧消除疲勞，他也承認效果有如奇蹟。此人便是傑克・崔塔克（Jack Chertock），如今他已躋身名導之列。幾年前他來找我時，還只是米高梅（M-G-M）短片部門主管，總是體力透支、疲倦不堪的慘樣。他說自己試過各種招數，例如吃補品、維他命和藥物，幾乎無一奏效。我建議他每天都放幾分鐘短假，實際做法是在辦公室和同事開會時，伸直身子躺下來，放鬆一下。

兩年後我們再度碰面，他對我說：「我的家庭醫師說奇蹟發生了。以前我們開會構思短片時，**我都會全身硬邦邦、直挺挺地端坐在椅子上。現在我改成在辦公室沙發上伸直身子躺下來開會**。我覺得自己的狀況比過去二十年好很多，每天多工作兩小時也不覺得累。」

你該如何應用這一套做法？你若是上班族，恐怕無法像發明家愛迪生和電影製片人山繆爾・高德溫（Samuel Goldwyn）一樣在辦公室小憩；你若是會計師，和老闆討論財務報表時也不太可能大剌剌地躺在辦公室沙發上。但如果你住在小城鎮，中午可以回家用餐，或許就可以在飯後假寐十分鐘。如果你年逾五十歲，卻總是覺得忙到無法分身偷空休息，那你還是趕緊多買一點保險吧。

如果你無法偷空午睡，至少可以在晚餐前試著躺平一小時，這麼做的成本遠低於一杯雞尾酒，而且光是伸直身子躺下的放鬆成效，就比雞尾酒高出五千四百六十七倍。如果下午五點、六點或七點你可以假寐一小時，就等於為自己多擠出一小時的清醒時間。因為晚餐前假寐一小時，加上夜間沉睡六小時，就等於睡足了七小時，效用遠高於一次睡滿八小時。

在感到疲勞前就先休息，工作效率驚人

做粗重工作的勞工如果可以有更多時間休息，就可以完成更多工作。「現代管理學之父」佛德列．溫斯勒．泰勒（Frederick Winslow Taylor）在伯利恆鋼鐵公司（Bethlehem Steel Company）擔任科學管理工程師期間，便充分印證了這一點。他觀察，做粗重工作的勞工每天可以負載十二．五噸生鐵裝車，但是往往到了中午就全身乏力了。他採用科學研究完整分析引起疲勞的相關因素後，宣稱這些勞工每天的工作量應該不只十二．五噸，而是四十七噸！他計算的結果是，在這些勞工沒有被操到筋疲力盡的前提下，有辦法把工作效率提高幾近四倍。

為了證明這個理論，泰勒挑出施密特先生（Mr. Schmidt）做實驗，要求他必須遵照碼表計時工作。一名監督員帶著碼表指揮他：「現在開始搬生鐵往前走……現在停下來休息……現在起身往前走……現在停下來休息。」

結果如何？在施密特的同事每天依舊搬運十二．五噸生鐵的同時，他真的一個人就可以搬到四十七噸。而且，泰勒任職伯利恆的三年間，施密特的實際工作量從未低於這個數字。**施密特可以辦到，**

正是因為他在疲勞上身之前就先休息了。他每小時大約工作二十六分鐘、休息三十四分鐘，也就是說休息時間還比工作時間長，但他的效率卻幾乎是其他人的四倍！這是道聽塗說的傳聞嗎？才不是，你可以去找佛德列・溫斯勒・泰勒的著作《科學管理原理》（*Principles of Scientific Management*）來讀。

卡內基快樂學 22

及時預防疲勞堆積，是遠離憂慮的第一步！

- 疲勞往往會催生憂慮、降低免疫力和抗壓性，請學習心臟的工作模式，疲勞上身之前就先休息。
- 小睡片刻其實具有驚人的修復力，即使只是打盹五分鐘都可以預防疲勞，還能增進工作效率。
- 「能坐就不站，能躺就不坐」，請效法亨利・福特積極休息的精神，以常保充沛活力！

CHAPTER 24

放鬆有技巧，養成不疲勞體質

我衡量自己的成就，不是取決於我有多累，而是我有多不累。

——心理學家丹尼爾．賈斯林

醫學觀點：動腦不會製造疲勞，緊繃情緒才會

這是一項令人震驚卻意義重大的事實：腦力工作不會讓你累積疲勞。聽起來可能令人難以置信。僅僅幾年前，科學家還在努力研究人類大腦可以工作多少小時，才會達到所謂「工作能力降低的臨界點」，也就是疲勞的科學定義。讓這些科學家詫異的事實是，當大腦活動時，流經此區的血液並未顯示疲勞的跡象！如果你從一名正在從事體力活的勞工血管中抽血，會發現血液中盡是「疲勞毒素」和疲勞產生的殘餘物；但無論是清早或半夜，假如你從愛因斯坦的大腦中抽出一滴血，卻完全檢驗不出一絲「疲勞毒素」。

所以，就大腦而言，「不論是工作八小時或十二小時，運作效率都會像最開始一樣高」。大腦真

的可以永遠不關機……那麼，為何你會覺得疲憊？

精神科醫師宣稱，疲勞絕大部分是源於我們自身的精神與情緒狀態。英國最負盛名的精神科醫師哈菲德（J. A. Hadfield）在著作《權力心理學》（*The Psychology of Power*）中指出：「**我們感受到的疲勞絕大部分源自精神層面，純粹源於生理層面的疲勞很少見。**」

美國最大名鼎鼎的精神科醫師布里爾博士則進一步論述：「對那些身體健康卻久坐辦公室的員工來說，他們的疲勞百分之百是源自心理因素，也就是我們所說的情緒因素。」

什麼樣的情緒因素會讓這些沙發馬鈴薯員工覺得累？是開心或滿足嗎？不是！絕對不是！是無聊、忿恨、不受賞識、找不到意義、倉促、焦慮、擔憂等感受，這些都是折磨沙發馬鈴薯員工的情緒因素，讓他們容易感冒、生產力降低，而且常常因為神經性頭痛請病假。沒錯，**我們之所以疲憊，正是因為情緒引發生理緊張和壓力**。

大都會人壽保險公司（Metropolitan Life Insurance Company）在文宣中指出：「繁重工作本身，鮮少引發一夜好眠或是充分休息過後仍然無法解除的疲勞……憂慮、緊張及情緒波動才是產生疲勞的三大肇因。當我們誤以為是生理或心理因素導致疲勞時，它們往往才是真正的禍首……請謹記，緊張的肌肉就是處於工作狀態的肌肉。請放鬆！請把體力留給真正重要的任務。」

現在，請你在此暫停並且檢視自己。你讀這幾行字時，是不是繃緊一張臉，皺眉盯著書頁？你覺得雙眉之間有壓力嗎？你是放鬆地坐在椅子上還是拱起肩膀？你臉上的肌肉緊張嗎？除非你全身放鬆，像舊布偶一樣軟綿綿、鬆垮垮，否則你就是在為自己製造精神緊張和肌肉壓力，也就是製造神經緊張與疲勞！

放鬆的首要關鍵是放鬆肌肉

為何我們的大腦在勞動時會產生不必要的緊張？丹尼爾．賈斯林說：「我發現，主要障礙就是……幾乎普世相信，工作時有必要裝出一副辛苦勞作的模樣，否則就是不夠敬業。」**所以，我們在專注工作時經常繃緊臉、皺起眉、拱起肩膀，動用全身肌肉演出一副全心投入的模樣，但前述舉動根本無法幫助大腦順暢運作。**

成千上萬的人惜金如命，卻像成天喝得爛醉的酒鬼一樣虛擲、揮霍自己的精力。這真是出人意料的可悲事實。

那麼，神經疲勞的解決方案為何？放鬆！放鬆！放鬆！請學會一邊工作一邊放鬆！

要這麼做很簡單嗎？不，你很可能必須違反一輩子養成的習慣，但即使如此也很值得一試，因為你的生活將因此改頭換面！威廉．詹姆斯在論文〈放鬆的準則〉（*The Gospel of Relaxation*）中這樣寫：「美國人過度緊張、躁動不安、呼吸急促與神色緊繃的表情……都是不折不扣的壞習慣。」緊繃是一種習慣，放鬆也是一種習慣，打破壞習慣，好習慣就會順勢定型。

我們要如何學會放鬆？從思緒，還是從神經做起？兩者皆非。你應該從放鬆肌肉做起！

讓我們先以眼部肌肉演練一下，摸索放鬆之道。請先讀完以下這段文字，然後身體往後仰躺在椅背上，閉上雙眼，默默對著雙眼說：「放輕鬆、放輕鬆。停止用力緊繃、停止皺眉。放輕鬆、放輕鬆。」請一再緩慢地重複默念一分鐘……

你是否注意到，幾秒鐘後眼部肌肉就開始遵從指示了？你是否感覺到，彷彿有一隻手輕輕拂走了壓力？沒錯，這一招就是這麼不可思議，在短短一分鐘內，你已經親身體驗放鬆身心的全部奧祕。你可以採用同一招對付下巴、臉部、頸部、肩膀與全身的肌肉。不過，最重要的還是雙眼。芝加哥大學的艾德蒙．傑考森醫師徹底研究過後歸納出以下結論，若是你可以徹底放鬆眼部肌肉，就能忘記所有煩憂！箇中道理在於，若想釋放神經緊張的壓力，雙眼非常重要：論全身消耗的能源總量來說，雙眼就占了四分之一。這也是為何許多人視力一級棒的人卻會飽嚐「眼壓」之苦，正是因為他們總是讓雙眼處於緊繃狀態。

藉由想像，引導身體漸漸放鬆

知名奧地利小說家薇琪．鮑姆（Vicki Baum）曾說，她在小時候遇過一名老人，教會她這一生最重要的人生課。當時她不小心摔跤，不僅膝蓋破皮，手腕也受傷了。這名曾經在馬戲團當過小丑的老人把她扶起來，一邊幫她拍掉身上的灰塵，一邊對她說：「你之所以會受傷，是因為不知道如何放鬆。你得假裝自己是一隻軟綿綿、鬆垮垮的舊襪子。來，我教你怎麼做。」

這名老人教會薇琪．鮑姆及附近所有孩童如何正確地跌倒、如何做前手及後手翻筋斗。他總是強調：「想像自己是一隻軟綿綿、鬆垮垮的舊襪子。然後你就叫自己要放鬆！」

你可以隨時、隨地任意放鬆，唯獨不要努力放鬆，因為放鬆就是要解除所有緊張與施力。思緒也要閒適、放鬆。**你可以先從想像放鬆雙眼及臉部肌肉開始，不斷重複默念「鬆開……鬆開……鬆開，放輕鬆」，感受能量從臉部肌肉流向身體中心。想像你自己的身體正像重獲新生一樣從緊繃狀態中解放。**

這就是偉大的女高音演唱家加利庫爾奇（Amelita Galli-Curci）一貫的做法。美國抒情女高音海倫．傑普森（Helen Jepson）告訴我，她經常看到加利庫爾奇在演出前坐在椅子上放鬆全身肌肉，讓下巴變得鬆垮垮的，看起來甚至有點下垂。這樣的做法十分管用，讓她在登台演出前不會緊張過頭，也讓她免受疲勞之苦。

四個放鬆技巧，養成不疲勞體質

技巧一：想像自己是一隻鬆垮的舊襪

隨時保持放鬆，讓你的身體像一隻舊襪子一樣鬆垮。我在書桌前工作時，總會在身旁擺放一隻褐紫色的舊襪子，用它來提醒自己應該要保持鬆弛。如果你沒有舊襪子，用貓咪來想像也行。你有沒有抱過在陽光下打盹的小貓？如果有的話，你會感覺到，牠的四肢就像浸溼的報紙一樣放鬆下垂。就連印度的瑜伽修行者都說，如果你想要精通放鬆藝術，就向貓學習。我從來沒看過累過頭的貓、精神崩潰的貓，或是飽受失眠、憂慮或胃潰瘍之苦的貓。若是你學會像貓一樣放輕鬆，或許就能避免這些皮肉之苦。

技巧二：以舒服的姿勢工作

盡可能為自己找出工作時感到舒服的姿勢。請謹記，身體緊繃會引發肩膀痠痛、精神疲勞。

技巧三：自我檢查動用哪些肌肉

每天都自我檢查四至五次，看看自己動用哪些肌肉，並自問：「我是否把工作變得比原本更複雜？我是否動用到做這項工作時根本無須派上用場的肌肉？」這麼做能幫助你養成放鬆的習慣。正如大衛．哈洛．芬克醫師（Dr. David Harold Fink）所說：「心理學領域中的頂尖專家所見略同，習慣的影響力是其他因素的兩倍。」

技巧四：自問疲倦指數

每天結束之際做個測試，問問自己：「**現在我有多疲倦？如果我覺得很累，絕對不是因為用腦過度，而是我用腦方法不當。**」丹尼爾．賈斯林說：「我衡量自己的成就，不是取決於我有多累，而是我有多不累。當一天結束之際，如果我覺得自己累得像條狗，或是由於精神疲勞變得暴躁易怒，我就知道，那一天無疑是質量俱差的低效日。」

要是每一名美國企業家都明白這層道理，「高血壓」相關疾病導致的死亡率就會一夕驟降，也就不用再將那些被疲勞與憂慮打敗的人送往療養院和收容所了。

卡內基快樂學 24

用最放鬆的姿態工作，不怕耗費多餘心力！

讓自己常保放鬆、遠離疲勞的四個技巧：

- 技巧一：想像自己是一隻鬆垮的舊襪或貓咪，隨時保持放鬆。
- 技巧二：以舒服的姿勢工作，身體緊繃會引發肩膀痠痛、精神疲勞。
- 技巧三：自我檢查是否動用到不必要的肌肉，有助你養成放輕鬆的習慣。
- 技巧四：自我評量疲倦指數，有助遠離「低效日」。

CHAPTER 25

停止內耗、療癒自己的自救法

我們每個人都應當分擔彼此的憂慮、彼此的苦惱，也應當感覺到，在這個世界上總有人願意主動傾聽、理解我們的心聲。

——醫學顧問蘿絲・希佛丁（Dr. Rose Hilferding）

憂慮不是「別想太多」就可以解決

去年秋季，我的同事去波士頓參加一套全世界最特殊的醫療課程。這套課程每週開辦一次，病患得先定期接受全面體檢才能參加。雖然名義上是應用心理學課程，但實際上是心理治療，真正的宗旨是安撫憂慮成疾的族群。其中許多病患都是有情緒困擾的家庭主婦。

這套專為憂慮成疾的族群開辦的課程是這樣開始的：一九三〇年，普瑞特醫師（Dr. Joseph H. Pratt）觀察到，許多前來波士頓診療所就醫的門診病人明明看起來好端端的，卻又帶有各種不舒服的生理症狀。好比其中一名婦人的雙手幾乎因為「關節炎」而等著作廢，另一名女性則是飽受「胃癌」

症狀折磨，其他則是嚷嚷著背痛、頭痛、長期疲倦，或是各種自己也說不清楚的痠麻疼痛。她們確實感覺到這些疼痛，不過即使是最為全面的醫療檢查，也找不出任何生理上的毛病。許多老派醫師可能也只會說，這一切都是她們自己「想」出來的。

但是普瑞特醫師明白，**告訴患者「回家去，別想那麼多」根本等於白說，他也知道她們不想生病。假如說放下病痛這麼容易，她們早就成功脫身了。**那麼，他還能做些什麼？

於是他無視醫學界懷疑論者異口同聲提出的各種質疑，開辦這套課程，事實證明大獲成功！打從多年前第一次開班以來，成千上萬名參加課程的病患全都「得以痊癒」。有些病患還年年報名參加，簡直就像上教堂一樣虔誠。我的助理曾和其中一名女性聊起來，得知對方九年多以來幾乎從未蹺過任何一堂課，還說起第一次上門求診時，深信自己出現游離腎的症狀，心臟也有點問題。她極度擔憂、緊張，甚至雙眼偶爾會有一段時間什麼也看不到。不過如今她充滿自信、心情開朗，身體也硬朗得很，看起來頂多四十多歲，但手上已經抱著小孫子了。「我總是過度煩憂家庭問題，」她說，「幾乎想死了算了。不過我在那家醫院學到：**多憂無益，要適可而止。現在我真心認為，目前的生活寧靜平和。」**

煩惱需要說出來，心靈才能得到淨化

這套課程的醫學顧問蘿絲・希佛丁醫師說，她認為**免除憂慮的最佳之道，就是找個自己信任的對象，然後把眼前的問題攤開來聊。這一步稱為「淨化」**（catharsis）。她說：「當病患進門上課，可以一股腦地傾吐煩惱，直到心頭完全淨空為止。擔憂個沒完沒了，以至於憂思長踞心頭，會引起當事人精神緊張。我們每個人都應當分擔彼此的憂慮、彼此的苦惱，也應當感覺到，在這個世界上總有人願意主動傾聽、理解我們的心聲。」

我的助理親眼見證一名女性光是傾訴煩憂就大大解脫的過程。她為家事煩擾，最初開口時，語氣緊繃得像是絞緊的發條，後來才在傾訴時漸漸舒緩下來，到了最後甚至是眉飛色舞。難道光是說一說，問題就能迎刃而解嗎？當然沒那麼容易。引發這個改變的關鍵是，當你開口和某人聊起來，就會得到一些忠告和同情。真正讓這個改變起作用的強大療癒力在於：言語！

某個程度上，「心理分析」這門技術正是奠基於言語這股療癒力。早在佛洛伊德時代，分析師就已經知道，**只要病患願意開口，光是傾訴就能釋放內心焦慮。或許是因為開口說話就能進一步看清自己的煩惱、找到更好的視角審視大局**。沒有人知道完整的答案，不過我們都明白，「一吐為快」或是「直抒胸臆」能讓人馬上鬆一口氣。

因此，當你下次情緒低落時，何不找個人聊一聊？當然，**不是要你看到誰就纏住對方大吐苦水。讓我們先確定此人是信得過的對象，慎重地約個時間談話**。或許你可以找親朋好友、醫師、律師、牧師或是神父，然後告訴對方：「我需要你提供建言。我遇到麻煩，希望你願意聽我說，或許還可以提供我一些忠告，因為你可能會看到我沒注意到的角度。即使你無法提出建議，單是坐下來聆聽，就對我有莫大幫助了。」

療癒憂慮的自己，平時就可以實踐的五個練習

波士頓診療所的課程中有一道核心療法名為「說出來」（talking things out），在此我們僅擷取部分概念，讓你在家也可以自己實踐。

練習一：製作激勵筆記本

準備一本專門記錄「激勵故事」的筆記本或剪貼本，在此記下所有對你個人來說深具激勵作用的詩歌、簡短禱文或是名人語錄。這樣一來，在某個下雨的午後，你的心情跌到谷底時，或許就能從中找出驅散憂鬱的配方。許多病患長年隨身攜帶這樣的筆記本，他們都說它就像「一劑強心針」，能夠立刻提振精神。

練習二：不要緊咬缺點不放

班上有一名女性發現自己變成說話越來越刻薄且嘮叨，突然有人問她：「要是你先生突然翹辮子了，你要怎麼辦？」她被嚇得啞口無言，立即坐下來開始條列丈夫的優點，結果寫出一張長長的清單。下次當你氣自己竟然嫁給一個暴君時，何不試試同一招？或許從頭細數一遍對方的優點就會發現，他就是你一心想要嫁的人！

練習三：對他人抱持好奇心

請對生活周遭的人抱持友好、健康的好奇心。曾經有一名病懨懨的女性發現自己經常「排擠他

人」，所以連一個朋友都沒有。有人建議她試著編一則故事，想像下次會遇到什麼樣的陌生人。於是她一坐上公車，就開始幻想自己會在什麼樣的背景與情境下遇到哪些人。她試圖描繪他們過著什麼樣的生活，結果從此不管走到哪裡就會和陌生人聊開來。如今的她快樂、機敏、充滿魅力，「痛苦」早已不翼而飛。

練習四：睡前擬定明日行程表

今晚就寢前，請先擬好明日工作的行程表。課程講師發現，**許多人總是覺得自己被永無止境的待辦工作與任務追著跑**，總是覺得工作永遠做不完，時間永遠不夠用。為了根除這種匆忙感受和憂慮心態，講師建議他們每天晚上預先擬好隔天的行程表。結果他們完成的工作更多、疲勞感更低、自豪感與成就感油然而生，而且還有時間可以放鬆休息。

練習五：解除身體壓力，避免緊繃與疲勞

放輕鬆！放輕鬆！沒有什麼會比緊繃與疲勞讓你看起來更顯老；沒有什麼會比緊繃與疲勞更讓你的活力和容顏早衰。我的助理曾在波士頓的思想控制課程旁聽一小時，當時講師是保羅・強森教授（Paul E. Johnson），他說明了我們在前一章提到的許多放鬆法則。我的助理跟著操練這套放鬆練習，最後十分鐘幾乎就要直挺挺地在椅子上昏睡過去！為何解放身體壓力可以讓人這麼放鬆？因為這家醫院的醫師都知道，你若想解開人們心中的煩憂，首先要讓他們全身放輕鬆！

沒錯，請務必放輕鬆！奇怪的是，硬邦邦的樓板似乎比軟綿綿的彈簧床更適合放鬆，可能是因為樓板能提供堅實的支撐，有益於我們的脊椎。

以下列舉一些你可以自己實踐的練習。試著操練一星期，然後看看你的容顏與氣質有何改變！

（一）感到疲倦時，請躺在地板上，盡可能伸直全身。若你想要滾來滾去也無妨。每天做兩次。

（二）閉上雙眼。這時你可以試著對自己說：「陽光當頭灑下，天空一片蔚藍、閃閃發亮。大自然平靜地掌控全世界。我身為大自然之子，正與宇宙同步。」或者你也可以更進一步——禱告！

（三）如果你實在沒有時間可以躺下來，也可以坐在椅子上進行上述練習。一張堅硬的直背座椅是放鬆的最佳選項。請學著像埃及木乃伊一樣端坐在椅子上，放鬆你的雙手，掌心向下擱在大腿上。

（四）現在，慢慢繃緊腳尖，然後再鬆開；往上繃緊腿部肌肉，然後再鬆開。照這套做法逐一往上活動全身肌肉，直到脖子為止。然後將你的頭部當成一顆足球似的用力轉動。請仿效前一章的做法，持續對全身肌肉說：「放輕鬆……放輕鬆……」

（五）緩慢、平穩地呼吸，以便鎮定你的神經。從身體深處呼吸。印度的瑜伽修行者說得對：有節奏的呼吸是安撫神經的最佳方法。

（六）以想像漸進引導，把你臉上的皺紋與蹙眉都鬆開來。解放你因為感受到憂慮而反映在眉宇之間、嘴角兩側的壓力。每天做兩次，之後你可能就不必再去請師傅按摩了。說不定這些線條會自動由內而外消失！

卡內基快樂學 25

停止內耗自救法，療癒自己這樣做！

停止精神內耗、自我療癒的五個練習：

- 練習一：製作激勵筆記本，感到低落時就拿出來翻一翻。
- 練習二：不要緊咬缺點不放，也要關注優點。
- 練習三：對他人抱持好奇心，建立友善交流。
- 練習四：睡前擬定明日行程表，有助消除時間焦慮、提升工作效率。
- 練習五：解除身體壓力，避免緊繃與疲勞。

CHAPTER 26

四個工作習慣，打造無壓高效環境

秩序是天堂第一守則。

——英國詩人波普（Alexander Pope）

良好工作習慣一：清空桌面，只留下必要資料

桌面只留下與當前手頭工作有關的文件。

芝加哥西北鐵路公司（Chicago and Northwestern Railway）總裁羅蘭・威廉斯（Roland L. Williams）曾說：「那些桌面上文件堆積如山的人往往會發現，**要是把桌面清空，只留下與當前手頭工作有關的文件，工作會變得容易、精確得多。我稱這種行為是『理家術』，也是高效的第一步。**」

華盛頓特區的國會圖書館（Library of Congress）天花板上，有著英國詩人波普的語錄：「秩序是天堂第一守則。」

秩序也應該是商業第一守則。但真是如此嗎？那可不然。平庸之輩的辦公桌總是堆滿好幾個星期都沒看的文件。事實上，紐奧良一家報社的發行人曾經告訴我，他的祕書幫他清理桌面時竟然找回一部遺失兩年的打字機！

你只消瞥一眼桌上尚待回覆的成堆郵件、報告與備忘錄，就會感到困惑、緊張與憂慮了。更糟的是，這幅景象還不斷提醒你「仍有幾百件待辦事項，但都沒有時間做」，不只讓人緊張又疲憊，還可能引發高血壓、心臟病和胃潰瘍。

賓州大學醫學研究所醫師約翰．史托克斯（John H. Stokes）曾經在美國醫學學會全國大會上誦讀一份報告名為《器質性疾病引發的功能性神經症》（*Functional Neuroses as Complication of Organic Disease*）。他在報告中「探索病患的心理狀態」，列出十一種情境，第一種就是：「有需要或必要的急切感；待辦事項似乎沒完沒了，永無做完之日。」

確實，**清空桌面、當下做決定這類基礎流程，有助你消除高壓，無須飽受「有必要」、「待辦事項似乎沒完沒了，永無做完之日」等感覺糾纏**。美國知名精神科醫師威廉．賽德勒（Dr. William L. Sadler）正是採用這樣的簡易手法救回瀕臨崩潰的病患。對方是芝加哥一家大企業的高階主管，他造訪賽德勒醫師的辦公室時，滿臉緊繃、緊張與煩憂神色。他知道自己快要崩潰了，但無法辭職不做。他必須尋求心理醫生協助。

「對方告訴我自己的親身經歷時，」賽德勒醫師說，「我桌上的電話正好響了。是院方打來的。我不是喜歡拖著事情不做的人，所以當下就花了一點時間討論並做決定。可以的話，我總是喜歡當場搞定麻煩。我才剛掛掉電話，下一分鐘它又響了，又是一樁緊急事件。於是我再度花點時間討論。沒想到又被打斷第三次，這回是我的同事想請我針對一名重症病人提供治療建言。當我們討論完畢，我轉向患者，正想為讓他久等開口道歉，卻看見他一臉喜色。他的表情看起來像是換了一張臉似的。」

「醫生，不用道歉啦！」這位病患對賽德勒醫師說，「剛剛那十分鐘裡，我好像有點想通自己的問題出在哪裡了。我現在就回辦公室，重新修正我的工作習慣……不過臨走前，您介意讓我仔細看看您的辦公桌嗎？」

賽德勒醫師打開書桌抽屜，除了零星的文具，幾乎空空如也。「可以請您告訴我，」這名病患說，「您的所有待辦事項都堆在哪裡嗎？」

賽德勒醫師說：「全都處理完畢了！」

「那所有尚待回覆的郵件又堆在哪裡？」

「全都回覆完畢了！」賽德勒醫師告訴他，「我的原則是，**一收到信就馬上回覆，絕對不會擱下。我會馬上請祕書記下我的口述回信**。」

六個星期過後，換成這位高階主管邀請賽德勒醫師造訪他的辦公室。他不僅整個人煥然一新，連辦公桌也是。他打開抽屜讓賽德勒醫師看，裡頭已不再堆放滿滿的待辦事項。「六週前，」這位高階主管說，「我在兩間辦公室擺了三張書桌，全都堆滿工作。我從來不曾搞定所有工作。但是我和您聊完後就回到辦公室，清除一大堆報表和過期文件。**現在我只在一張書桌前工作，一旦任務出現就馬上辦完，所以現在再也沒有堆積如山的待辦事項讓我看了心煩、緊張又憂慮**。不過最讓人驚訝的是，我現在已經完全康復了。我的健康再也沒有任何毛病了！」

美國最高法院（United Sates Supreme Court）首席法官查爾斯・艾文斯・休斯（Charles Evans Hughes）曾說：**「人不會死於過勞，只會死於過度揮霍與憂慮。」**沒錯，**人們經常過度揮霍自己的體力和心力，**

只因為擔心工作永遠都做不完。

良好工作習慣二：依據輕重緩急處理事務

全國性公用事業商「城市服務公司」（Cities Service Company）創辦人亨利・多爾帝（Henry L. Doherty）說，無論他開出多高的薪水，依然難以找到具備兩種能力的員工。**這兩種彌足珍貴的能力是：一、思考的能力；二、依據輕重緩急處理事務的能力。**

年輕小夥子查爾斯・洛克曼從底層做起，十二年間一路做到牙膏製造商白速得總裁，除了年薪十萬美元，還有百萬美元分紅可領。這名小夥子將自身的成就歸功亨利・多爾帝所說的兩種難得能力。洛克曼說：「就我記憶所及，我每天大約清晨五點就起床，因為那段時間是我最能清楚思考的時刻。我可以清楚思考並計畫當天工作，依據輕重緩急處理各項事務。」

美國傳奇保險業務員法蘭克・貝特格從來不等到清晨五點才做好當日計畫，他總是前一晚就搶先一步，為自己設定隔天的業績目標。要是他沒達成，差額會累計在後天的業績額度。

我從多年經驗學到，**不是所有事情都能依據輕重緩急處理完畢，不過我也知道，訂定這種「要事先做」的計畫，絕對比隨心所欲挑著做更好。**

要是蕭伯納未曾嚴格執行要事先做的原則，他這一生恐怕就不是天才洋溢的劇作家，而是沒沒無聞的銀行出納員。他規定自己每天得寫滿五頁，這項計畫激勵他在淒苦的九年間力行不輟；然而前後加起來才賺得三十美元，相當於一天入帳一美分。

良好工作習慣三：當下做決定

當你遇到問題，只要手上握有必要的資訊，那就當場立即搞定，千萬不要拖延決策時間。

已故的哈威爾先生曾是我的學員，他告訴我，當他還在擔任美國鋼鐵公司董事會成員時，每次開董事會總是拖泥帶水。雖然會議期間會討論許多問題，但極少做成決策。結果是：每一名董事會成員還得再抱著一大堆報告回家研究。

最後，哈威爾先生說服所有董事會成員，一次只討論一項問題，而且最後一定要做出決定。不拖延、不推遲。**決策過程或許會需要額外的資訊，也可能需要執行某件事或什麼事也不做，不過，他規定非得先下定論，才能進入下一項議題。**哈威爾先生告訴我，這種做法的結果既驚人又有效：待辦事項議程表終於淨空了，行事曆也淨空了。董事會成員再也無須抱著一大疊報告回家，再也不用為了懸而未決的問題煩心了。

這種做法不僅適用於美國鋼鐵公司董事會，同樣也適用於我們。

良好工作習慣四：學會組織、委任與督導他人

許多商業人士從來沒學會交辦職責給他人，堅持事必躬親，一步步將自己推進墳墓。結果是：讓自己淹沒在細節與困惑之中。他們老是被急促感、擔憂、焦慮和壓力追著跑。我明白要交辦職責給他

人很不容易，我自己也覺得極其困難，因為我從經驗學到，假使委任職權給錯誤人選，可能會引發一場災難。不過，即使委任職權很艱難，高階主管若想免除憂慮、緊張與疲累，仍然必須學會這種工作方式。

一手打造龐大事業的高階主管若是學不會組織、委任與督導，通常到了五十或六十多歲就會為心臟病所苦，深陷緊張與憂慮引起的病症。

卡內基快樂學 26

消除不必要的壓力，工作起來更有效率！

想要打造更無壓、更高效的工作環境，請養成四大良好工作習慣：

- 習慣一：清空桌面，只留下與當前工作有關的資料。
- 習慣二：冷靜思考，依據輕重緩急處理事務。
- 習慣三：只要手上握有必要資訊，盡可能當場搞定問題，不要拖延。
- 習慣四：學會組織、委任與督導他人，無須事必躬親。

CHAPTER 27

在工作中找樂趣，翻轉枯燥人生

那些幸運兒都是有幸做自己喜歡之事的人。

——音樂喜劇《畫舫璇宮》（*Show Boat*）

趣味令人精力充沛，無聊令人疲倦

疲勞的一大主因是厭倦。我們來看看高階主管艾莉絲的例子。有一天晚上，艾莉絲回家後顯得筋疲力盡，看起來累斃了。事實上她也真的累斃了，腰痠又頭痛。她累到想要跳過晚餐，直接上床睡覺。但敵不過媽媽好說歹說，她還是在餐桌前坐下來。這時電話響了，是男性友人打來邀她去跳舞！她的雙眼發亮，精神也來了。她奔上樓，套上藍灰色禮服，出門熱舞直到凌晨三點。當她終於回家，不只一點疲倦的感覺都沒有，而且還精神抖擻，完全無法入睡。

那麼，八小時前的艾莉絲真的像她自己說的那麼累嗎？她的疲態當然不是裝出來的，而她之所以這麼累，完全是出於對工作感到厭煩，或許也對生活有點厭煩。全世界有幾百萬個像艾莉絲這樣的人，或許你也是其中之一。

你的情緒狀態通常會製造出比生理反應更大量的疲累感，這已是人人皆知的事實。幾年前，約瑟夫．巴梅克醫師（Dr. Joseph E. Barmack）在《心理學刊》（*Archives of Psychology*）發表一篇報告，揭露他實驗厭倦如何催生疲勞的研究結果。巴梅克醫師集結一組學生，展開一系列他自己也覺得無聊至極的測驗。結果，學生都覺得全身乏力、昏昏欲睡，紛紛抱怨頭痛、眼痛、感覺焦躁不安。在某些狀況下甚至還有人腸胃不適。這一切都是「想像情境」嗎？並非如此。他們對這些學生進行新陳代謝測試，結果顯示，**當人們覺得無聊時，血壓與耗氧量實際上都降低了；一旦工作讓他們開始覺得好玩、有趣，新陳代謝馬上回升！**

當我們投入某一種好玩、刺激的活動，鮮少會感覺疲累。舉例來說，最近我去加拿大洛磯山脈的湖畔度假，連續幾天都沿著溪邊垂釣鱒魚，沿路我得奮力撥開長得比我還高的灌木叢，跌跌撞撞地踩過散落路面的斷木，三不五時還會被絆倒。但是八小時後，我卻一點都不覺得累。為什麼會這樣？因為我感到相當興奮、精神抖擻，而且心中成就感高漲，很自豪釣到六尾切喉鱒（cutthroat trout）。不過，假設我覺得釣魚無聊得要命，在這個海拔超過兩千一百公尺高的地方，我可能早就累癱了。

讓你疲倦的禍首是憂慮，不是工作本身

哥倫比亞大學心理學家愛德華．桑戴克（Edward Thorndike）進行疲倦實驗時，成功讓年輕人維持高度興致，結果幾乎一整個星期都沒有闔眼睡覺。據報導，桑戴克在進行大量深入調查後表示：「厭倦

是唯一導致工作效率降低的真實原因。」

如果你是腦力工作者，讓你感到疲勞的原因很少與完成的工作量有關，反而更可能與沒完成的工作量有關。舉例來說，假設你上週某日工作時不停被打斷，結果信回不成、約定的會議開不成，手上的工作還這裡出包、那裡出錯，一整天下來每一件事都不對勁，一事無成的你回到家卻還是累得像狗一樣，頭痛欲裂。隔天，每一件事都回到常軌，你完成的工作量比昨天多出四十倍，然而你回到家時感覺卻像雪白的梔子花一樣清新可人。你肯定有過這種截然不同的經歷，我也是如此。

我們可以從這裡學到什麼教訓？只有一點：**讓我們感到疲累的禍首往往不是工作，而是憂慮、沮喪和憤懣。**

我在撰寫本章期間去看了作曲家傑諾米．肯恩（Jerome Kern）的音樂喜劇《畫舫璇宮》，劇情宜人愉快。劇中船長有一句充滿哲理的台詞：「那些幸運兒都是有幸做自己喜歡之事的人。」**這些人之所以幸運，是因為他們的精力更充沛、幸福感更強烈，而且更少煩憂與疲憊。你的興趣之所在就是你的活力之所在。**

當你假裝樂在工作，效果驚人

以下這則故事是另一名速記員的經歷。她以前很抗拒工作，但自從發現「假裝工作很好玩」這一招挺管用之後，再也不抗拒工作了。這位薇莉．高登（Vallie G. Golden）小姐住在伊利諾州安赫斯特市，她來信說明始末：

有一天，一位輔助部門主管堅持我得重打一封長信，讓我忍不住想反抗。我試著向他說明，其實可以修正局部錯誤就好，沒必要全信重打一次。但他駁回我的建議，還說要是我不想做，多的是其他人願意做！真是令人火大！不過我開始重打這封信時突然想到，確實是有許多人巴不得接手我正在做的這份工作，而且公司付我薪水就是要我做這件事啊。這樣一想，我就開始覺得心裡好過一些。我突然下定決心，即使我看不起這份工作，也要演得像是樂在其中。之後我就體會到重大發現：**倘若我演得像是樂在其中，某個程度來說我也真的開始樂於工作；我還發現，一旦我的心態轉變，效率便跟著提升**，所以現在我很少有加班的必要。這種煥然一新的心態讓我得到優良員工的好名聲，以至於有一位部門主管想要找私人祕書時，直接來問我要不要接手。他說理由是他看到我總是樂意接辦超額任務，而且從來就不會擺臭臉！這種改變心態產生的強大威力，堪稱一大驚人的關鍵發現。簡直就是奇蹟！

高登小姐發揮創造奇蹟的「演得像真的」哲學觀，其實源自德國哲學家漢斯．費英格（Hans Vaihinger）的「彷彿理論」，他教我們要表現得「彷彿」很快樂。

如果你「演得像真的」，就會對自己的工作產生興趣，這一點點裝模作樣的作用真的會讓你開始假戲真做，同時也減少你的疲憊、緊張與憂慮。

找到工作中的樂趣所在，將是翻轉枯燥生活的關鍵

以下兩個實際案例，若他們沒有下定決心將枯燥工作變有趣，很有可能終身不得翻身。

從挖冰淇淋到研究食品科技

幾年前，哈倫．霍華德（Harlan A. Howard）做出改變一生命運的決定，決意把無聊的工作變得有趣又好玩。他的工作真的有夠無聊：他得洗盤子、刷櫃子，在高中食堂的午餐時間負責將冰淇淋分舀到餐盤上。哈倫．霍華德很鄙夷自己的工作，但又非得靠它維生，因此他下定決心要好好研究冰淇淋，從如何製作、採用什麼成分，到為何有些口味嚐起來就是比其他口味更好吃等。他研究相關化學知識，因而變成高中化學課程的天才學生。他想深究食品化學的奧祕，因此申請進入麻省州立學院（Massachusetts State College），主修「食品科技」。

當他發現謀職不易，便在麻州安赫斯特市自家地下室拼湊出一間私人實驗室。沒多久，政府頒布一項法規，規定廠商必須計算牛奶中的生菌數量，而他很快就開始為十四家安赫斯特市牛奶供應商服務，還得為此聘僱兩名助理。

此後二十五年，霍華德將可能成為自己專業領域中的領頭羊；反之，當年那些隔著櫃檯向他買冰淇淋的高中同學可能開始一個個不得志、失業、咒罵政府並怨天尤人。倘若霍華德未曾下定決心將工作變有趣，也很有可能終身不得翻身。

從鎖螺絲到機車工廠總裁

幾年前，年輕的車床工人山姆也對自己的無聊工作心生厭煩，每天在工廠裡就是負責生產螺栓而已。他老是想著要辭職，但又怕下一份工作沒著落。既然山姆非得做這份乏味工作不可，便決定把它變得好玩一點。他向隔壁操作機器的技工發起一項挑戰。原本他們倆是一人負責操作機器拋光零件表面，另一人負責打磨出合規的螺釘直徑。挑戰內容就是暫時交換工作，看誰可以產出更多。工頭把山姆的速度和準確度看在眼裡，很快就把他調去做更好的工作。不過這只是一路晉升的開端，此後三十年，全名為山繆爾．沃克蘭（Samuel Vauclain）的有為青年已經當上鮑德溫機車工廠（Baldwin Locomotive Works）總裁。

不過，假如他沒有下定決心將工作變有趣，這輩子也很有可能就只是一名小技工。

與自己對話，每天為自己打氣加油

知名的美國電台新聞分析員卡頓伯恩（H.V. Kaltenborn）曾經與我分享他如何把單調工作變好玩。他當過業務員，而這份工作對他來說一點也不輕鬆。他說，自己能熬過來只靠一種人格特質：把工作變好玩的堅強決心。每天清晨上工前，他都會盯著鏡中的自己加油打氣：「卡頓伯恩，你如果還想有口飯吃，那就給我好好做。既然你都得豁出去了，何不開開心心做到好？何不想像每次推銷時你便化身聚光燈下的演員，而對面就是等著看戲的觀眾？說到底，**你的工作就像是舞台上的喜劇演員，何不**

傾注滿懷熱忱與熱情，好好玩這場角色扮演的遊戲呢？」

卡頓伯恩先生告訴我，正是每天早晨這番打氣，協助他將這份一開始又恨又怕的工作，轉變成自己覺得好玩又能賺大錢的冒險行動。

我請他為一心渴求成功的青年提供建言，他說：「每天早上都為自己打氣一番。我們常常在說，清早起床得活動筋骨，好讓自己從半夢半醒的狀態中完全清醒，所以很多人一早起來就會到處走動。**不過我們更需要的，其實是每天早上來一點精神與心靈的集氣練習，好刺激自己採取行動。請在每天早上都為自己加油打氣。**」

每天早上都為自己加油打氣，聽起來是否有點傻氣、幼稚或是做表面功夫的感覺？不要這樣想，相反的，它正是健全心理素質的核心。「我們的思想決定我們的人生。」這句語錄出自近一千九百年前的馬可・奧里略著作《沉思錄》（*Meditations*），至今仍禁得起時間考驗。

每天和自己對話，便能引導你的思想轉向勇氣、幸福、力量和平靜；每天和自己聊聊生活中應該感恩的大小事，讓你的心靈洋溢著飛騰昂揚、歡欣高歌的正面思想。

心懷正確的想法，就能讓任何工作都變得不再索然無味。你的老闆當然希望你樂在工作，因為這樣他才能多賺錢。不過請無視老闆的期待，專注想想樂在工作能為自己帶來什麼好處，提醒自己，這麼做能讓你在生活中得到的幸福感倍增。說到底，**你每天清醒的十幾個小時中，有一半都與工作為伍，要是你工作時無法感覺開心，那你很可能也不會在其他地方感覺開心。**請持續提醒自己，在工作中找樂子會讓你的思緒遠離煩憂，長期來說也很可能會為你帶來升官加薪的機會。就算沒有這些實質回饋好了，至少能把你的疲勞感降到最低，並協助你享受工作之餘的閒暇時光。

卡內基快樂學 27

找到工作中的樂趣，生活才會有滋有味！

- 情緒狀態通常會製造出比生理反應更大量的疲累感，而當我們投入某一種好玩、刺激的活動，鮮少會感覺疲累。
- 如果你假裝樂在工作，便會真的對自己的工作更感興趣，同時也減少你的疲憊、緊張與憂慮。
- 每天和自己對話，持續提醒自己，在工作中找樂子能讓你的思緒遠離煩憂、有升官加薪的機會。就算沒有這些實質回饋，至少能把疲勞感降到最低，享受工作之餘的閒暇。

CHAPTER 28

這樣對付失眠，告別苦悶長夜

我從多年的執業經驗中發現，最好的助眠方法就是祈禱。

——英國醫師湯瑪士・海斯洛（Dr. Thomas Hyslop）

睡多久才夠？必要的睡眠時間長短因人而異

當你發現自己夜不成眠的時候，會不會感到擔憂？如果會，你可能會對知名國際律師山謬爾・安特麥爾（Samuel Untermyer）的故事感興趣，因為他這輩子從未一夜好眠。

山謬爾・安特麥爾念大學時，深為哮喘與失眠這兩大折磨人的毛病擔憂。但他似乎對任何一種都沒轍，於是決定退而求其次，**善用清醒時光。他不再輾轉反側、焦慮到幾近崩潰，反而早起念書**。結果如何？他逐漸在所有選修課程名列前茅，最後還成為紐約市學院的傳奇天才。

即使開始執業，失眠依然如影隨形，不過他早已不以為意，他說：「上天自然會照顧我。」上天的確眷顧他，儘管他的睡眠時間少得可憐，卻能保持良好健康狀況，而且還能像紐約其他新血律師一樣賣力工作，甚至更勤奮，因為他們在呼呼大睡時，他還在工作！

山謬爾．安特麥爾才二十一歲就擁有高達七萬五千美元年薪，而且他出庭時，其他年輕律師還會蜂擁而入，想要偷學幾招。到了一九三一年，他單單經手一樁案子就要價一百萬美元，在當年恐怕已經是律師界的超級天價了。

不過失眠症狀還是陰魂不散，因此他每晚都讀書讀到半夜，然後五點就起床，開始整理信函。等到一般人正要捲起袖子工作的時間來到時，他都已經搞定當天一半工作了。

這位一輩子沒睡過好覺的老先生活到八十一歲高壽，但假如他終身為失眠煩躁焦慮，很有可能這一生就這麼毀了。

我們的人生有三分之一時間都在睡覺，不過沒有人真正明白睡眠的意義是什麼。我們知道它是一種習慣、一種大自然細細編織而成的休息狀態，**不過，我們無法確定每個人究竟需要多少睡眠時間才夠，甚至無法確定我們是否真的非睡覺不可！**

聽起來匪夷所思嗎？那可不。我們不妨看看一戰期間匈牙利士兵保羅．肯恩（Paul Kern）的故事。他不幸被子彈打穿腦袋的前額葉，但奇蹟似地活了下來，不過從此再也無法入睡。這一點頗讓人好奇，但無論醫師使出何種絕招，在他身上試過何種鎮靜劑、麻醉藥，甚至催眠術，保羅．肯恩都依然睜大眼睛撐過全程實驗，甚至連一絲睏意都沒有。

所有醫師都說他活不久了，但是他卻再度讓他們跌破眼鏡。他不僅找到一份工作，而且此後多年一直都生龍活虎。他確實還是會躺下來閉上雙眼休息，但無論如何就是不會睡著。他這個個案已然成為醫學界的謎團，推翻我們對睡眠的許多認知。

有些人需要的睡眠時間遠多於其他人，好比義大利指揮大師托斯卡尼尼（Arturo Toscanini）每天只需要睡五小時就夠，但美國前總統凱文．柯立芝（Calvin Coolidge）需要的睡眠時間是他的兩倍以上：一天二十四小時中得睡上十一小時。換句話說，托斯卡尼尼差不多睡掉五分之一人生，但柯立芝的人生幾乎有一半時光都在睡夢中度過。

「煩惱失眠」傷害你的程度，遠高於失眠本身

我有一名學生艾拉．桑納（Ira Sandner）住在紐澤西州，曾經幾乎被長年的失眠折磨到想要尋短。她告訴我：

我真的覺得自己快要瘋了，一開始我其實是很能睡的人，每天非得拖到鬧鐘不再響才會醒來，結果一天到晚遲到。我對此相當煩惱。事實上，老闆三番兩次警告我要每天準時上班。我也明白再這樣天天睡過頭，遲早會丟飯碗。

我和周遭朋友說起這件事，其中一名朋友建議我睡前不妨先盯著鬧鐘看。結果我就這樣從愛睡蟲變成失眠人！那該死的鬧鐘滴答聲變成無法擺脫的魔音，每天敲得我整夜在床上翻來覆去睡不著！等我熬到天亮，整個人都病懨懨的，被疲倦和焦慮逼得崩潰。這種情形持續了八週，言語實在難以形容這段期間身心承受的折磨，我真心認為自己快要瘋了。有時候我一整夜都在房裡繞圈子，甚至還想過

要跳出窗外，就這樣一死了之！

最後，我求助從小就認識的醫師。他說：「艾拉，我幫不了你。其實誰都幫不了你。因為你這是自尋煩惱。**晚上時間到了你還是照常躺上床，就算睡不著也沒關係，不要鑽牛角尖去想這件事。只要對自己說：『我才不管睡不睡得著，就算醒著躺到天亮也沒關係。』你可以閉上雙眼，然後對自己說：『反正我只要靜靜地躺著，不要胡思亂想，那我就能好好休息了。』」**

我照他的話做，兩週內我就可以入睡了；不到一個月我就能睡滿八小時，就連緊繃的神經也慢慢恢復正常了。

因此，不是失眠本身慢性謀殺艾拉．桑納，而是對失眠的擔憂所致。

芝加哥大學教授納森尼爾．克萊特曼（Nathaniel Kleitman）研究睡眠的深度在當代無人能出其右，**這位現代睡眠專家宣稱，從未聽說過失眠會奪人性命。的確，有人或許太過擔憂失眠，以至於活力降低，導致病菌乘虛而入。不過這種結果肇因於擔憂，而非失眠本身**。

克萊特曼醫師也說，那些為失眠擔憂的人，實際上睡眠時間遠多於自己想像的時數。信誓旦旦地說「晚上我從來不曾闔眼」的人，可能睡眠時數根本就超過四小時，自己卻渾然不覺。舉例來說，十九世紀學識淵博的英國思想家赫伯特．史賓塞（Herbert Spencer）獨居在供膳的宿舍裡，每天抱怨失眠，旁人都聽到快受不了了。他拿耳塞堵住耳洞，藉此阻絕噪音，安撫神經；有時候還會服用鴉片助眠。有一晚，他與牛津大學教授薩伊斯（Archibald Henry Sayce）一起下榻某家飯店，隔天一早史賓塞又嚷嚷著自己整晚沒有闔眼，但事實上整晚無法闔眼的人是薩伊斯教授，因為史賓塞呼嚕呼嚕的打呼聲讓他整晚睡不著！

一夜好眠的首要條件：營造安全感

我們需要感覺到有一股比我們自身強大的力量會整夜守護在旁，直到天明。英國約克郡西區救濟院（Great West Riding Asylum）醫師湯瑪士．海斯洛在英國醫學會的演說中強調這個重點，他說：「我從多年的執業經驗中發現，最好的助眠方法就是祈禱。我純粹是站在醫療專業人士的立場這麼說。**養成禱告習慣的人會發現，在所有安撫、鎮定神經的工具中，它是最有效、最健康的精神鎮靜劑。**」

不過，如果你沒有信仰，那就得繞點遠路，試著採用物理方法放鬆。《掙脫緊張》（*Release from Nervous Tension*）作者大衛．哈洛．芬克醫師說，最佳做法就是和自己的身體對話。根據芬克醫師的論點，**言語是所有催眠術的關鍵祕訣，如果你一直無法入睡，是因為你暗示自己進入失眠情境。解決之道就是以相反指示催眠，你可以對著全身肌肉說：「鬆開來、鬆開來。鬆弛下來，放輕鬆。」**我們都知道，一旦肌肉處於緊張狀態，心緒和神經也無法放鬆。所以，如果我們想要入睡，就從放鬆肌肉做起。芬克醫師建議採行以下事實證明有效的做法：在膝蓋下面放一塊枕頭，減輕大腿的緊張感；在手臂下面也擺一塊小靠墊，放鬆手臂的緊張感；然後，指示下顎、眼睛、手臂和腿部放鬆，最後，你會在感覺到睡意來襲之前就先昏睡過去。我親身試過，所以我知道會是如此。

「消耗體力」是失眠的最佳療法

治癒失眠的最佳療法就是從事園藝、游泳、網球、高爾夫、滑雪或是其他消耗體力的勞動，把身體操到累為止。這就是西奧多．德萊塞的心法。當年他還是個想要努力熬出頭的年輕作家，總是擔憂失眠問題，所以就去找了一份修路工的工作。經過一整天鑽打道釘、挖鏟砂礫的粗活後，他簡直累癱了，根本連吃飯的力氣都沒有。

如果我們把身體操得夠累，即使正在走路，也可能就這樣昏睡過去。當人們耗盡氣力時，就算是颳風下雨、遭遇恐攻或戰爭威脅，都能照睡不誤。著名神經學家佛斯特．甘迺迪醫師（Dr. Foster Kennedy）告訴我，一九一八年，英國第五軍團撤退時，他親眼看到士兵累得就地躺下，像陷入昏迷一樣睡得不省人事，甚至連他伸手翻開他們的眼皮，都沒能讓他們醒過來。他還注意到，人們睡著時，眼球會往上翻。「從那時起，」甘迺迪醫師說，「**當我遇到睡不著的時刻，就會練習往上翻眼球。我發現幾秒鐘後我就會開始打哈欠，感覺睡意來襲。這是一種我無法控制的生理反射作用。**」

失眠不會致命，憂慮才是元兇

自古至今，從來沒有人採取「死也不睡覺」這種方法自殺成功，往後也不會有人辦得到。儘管一個人懷抱堅決的意志力，大自然依然有辦法強迫他入睡。如果不進食或不喝水，大自然就會讓我們提早從人生畢業，但就算耗上大把時間不睡覺，我們也不一定死得成。

談到自殺，就讓我想起亨利．林克醫師在著作《重新發現人類》（*The Rediscovery of man*）中提到的一則案例。林克醫師是心理公司（Psychological Corporation）副總裁，曾和許多滿心焦慮、抑鬱情緒的患者深談，在〈論克服恐懼與憂慮〉（*On Overcoming Fears and Worries*）這一章，他提到一名想要自殺的患者。林克醫師知道，與對方爭辯只會讓事態惡化，於是他對這名患者說：「**如果無論如何你都想要自殺，至少也該死得像個英雄。繞著街道奔跑至死或許是不錯的選擇**。」

對方真的這麼試了，而且不只一次，而是好幾次。即使每一次都全身痠痛，心情卻都比前一次好得多。到了第三晚，他終於達到林克醫師刻意引導他追尋的狀態，身體極其疲憊，但也極其放鬆，睡得像豬一樣沉。之後，他甚至報名加入一間運動俱樂部，開始參加各種競賽。很快地，他對自我的感受變好了，想要活得長長久久！

卡內基快樂學 28

擔憂失眠造成的傷害，遠遠勝過失眠本身！

若你想遠離失眠之害，請力行以下對策：

- 若是夜不成眠，可以早起工作或看書，直到你感覺到睡意來襲為止。
- 請謹記，從來沒有人因為缺少睡眠而死。擔憂失眠對你造成的傷害往往大於失眠本身。
- 試著禱告，或是複誦經文。這是最有效、最健康的精神鎮靜劑。
- 讓身體放鬆下來。一旦肌肉處於緊張狀態，心緒和神經也無法放鬆。
- 多運動。操練你的身體，直到筋疲力盡，再也無法保持清醒為止。

卡內基消除內耗心法 **Part 6**

活用六大策略擺脫內耗日常，打造不勞碌、不煩憂的快樂人生！

法則 1

在你感覺到疲累之前就先休息。

法則 2

學會隨時隨地放輕鬆。

法則 3

學會療癒自己，例如與信任對象聊心事、製作激勵筆記本。

法則 4

採納以下四大良好工作習慣。

【習慣1】清空桌面，只留下與當前工作有關的資料。

【習慣2】依據輕重緩急處理事務。

【習慣3】只要手上握有必要資訊，盡可能當場搞定問題。

【習慣4】學會組織、委任與督導。

法則 5

找到工作樂趣，擺脫煩憂與疲憊的折磨。

法則 6

請謹記，從來沒有人因為缺少睡眠而死。擔憂失眠才會對你造成傷害，失眠本身則否。

PART 7

「我如何克服憂慮」，二十五則真實案例分享

"How I Conquered Worry" —25 True Stories

在克服憂慮的旅程中，每個人都有著獨特的故事，這段旅程是一場超越自我的挑戰，需要努力打破慣性、轉換心態。從家庭主婦、業務員、經濟學家到大學教授，甚至是名人如富蘭克林和洛克菲勒，他們都透過不斷的努力和堅持，找到專屬於自己的戰勝憂慮法則。在以下的實例分享中，請觀察他們使用了哪些本書提供的法則與技巧，如何漸漸學會控制自我，走出負面情緒風暴。

案例1：記錄生活擔憂，比對後續發展

——C．I．布萊伍德（C. I. Blackwood），布萊伍德商學院創辦人

一九四三年夏天，這世上的一半憂慮似乎突然間全都落到我肩上了。此前四十多年，我過著正常、無憂的生活，只遇過一般丈夫、父親和生意人都會遇到的那些尋常麻煩，通常三兩下就能輕而易舉搞定。但是突然之間，一拳、兩拳、三拳、四拳、五拳、六拳，六大煩憂忽然一次找上門來！我的心情瞬間跌至谷底，上了床也整夜輾轉難眠，害怕天亮後又要面對六大煩憂：

一、我開辦的商學院正瀕臨破產邊緣。

二、我的長子從軍去了，我像全天下送兒子從軍的父母一樣日夜掛心。

三、最近政府開始大面積徵收土地，預備建造機場，我聽說政府只會補償土地價值的十分之一，但更糟的是我們即將無家可歸。由於住宅供應短缺，我很擔心自己能否為一家六口找到下一個遮風避雨的住所，也害怕我們可能得被迫住帳篷，更擔心可能連帳篷都買不起。

四、我家附近正在開挖排水溝渠，所以無法供水。由於土地即將被徵收，開挖新井就等於白白浪費五百美元。

五、我的住所距離商學院十六公里，我很擔心要是我的福特老爺車哪一天輪胎爆了，我就完全無法上班。

六、我的長女提早一年高中畢業，她一心想要念大學，但我根本沒錢供她深造。我知道她肯定會很傷心。

有一天下午，我枯坐辦公室煩惱前述幾項問題，覺得世上好像沒有任何人的煩心事比我多。我決定逐一條列下來。要是有機會擺平這些煩惱，我很願意放手一搏，但是眼下它們似乎都超乎我的掌控。我幾乎是無計可施，於是順手把這張白紙黑字寫明的清單收起來，沒多久就完全忘記自己擬過這張清單。十八個月後，我在整理檔案時碰巧發現這張條列六大煩憂的索命清單，我饒富興味地讀了起來，心中無限感慨，**因為時過境遷，沒有任何一場麻煩真正在眼前發生**。

以下就是每一場大麻煩的後續發展：

一、我所想像的破產前景完全是多餘的，因為沒多久政府就開始補貼願意招收並培訓退伍士兵的商學院，我們很快就滿額了。

二、我根本沒必要擔憂長子從軍一去不回，他毫髮無損地從前線回家了。

三、我憂心土地被徵收建蓋機場也是多餘的，因為很快就在離我家一公里半以外的地區發現油田，若拿來建蓋機場成本會暴增，因此徵收計畫取消了。

四、我大可不必煩惱缺水困境，因為當我聽到土地不會被徵用時，馬上花錢開挖一口全新的深井，從此我們有了用之不竭的水源。

五、我根本沒必要擔心汽車爆胎的可能性，因為我先是換新輪胎胎面，後來也十分謹慎地開車，它們很爭氣地一直撐到現在。

六、我大可不必為女兒教育費用沒著落的無奈結局發愁，因為就在大學開學前兩個月，我接獲一份審計的兼職工作，讓我可以如願送她進大學。這簡直就是天降奇蹟。

我以前就常聽人說，我們擔心、不安、苦惱的事情九十九%都不會發生，原本我都只是左耳進、右耳出，直到我翻出十八個月前那個苦悶午後草擬的清單，這才體會到此話不假。

現在我對當年與六大煩憂日夜搏鬥卻徒勞無功的經歷心懷感激，這段經驗讓我明白**煩惱還沒發生的事情有多愚蠢，畢竟事態發展完全遠在我們的掌控之外，也許擔心的事永遠都不會發生**。

請謹記，今天就是你昨天窮擔心的明天。請自問：我怎麼知道自己正在擔心的這件事真的會發生？

案例2：翻閱歷史，發現自身的煩惱微不足道

——羅傑．W．巴布森（Roger W. Babson），著名經濟學家

每當我發現自己置身當前處境的谷底時，總能在短短一小時內掃除煩憂，把自己變成超級樂觀的人。

以下是我的獨門招數。我會走進書房，閉上雙眼，摸索著走到擺放歷史書籍的櫃子前方，瞎子摸象似地隨手抽出一本，也許是歷史學家裴斯考特（William H. Prescott）寫的《墨西哥征服史》（*Conquest of Mexico*），或蘇艾托紐斯（C. Suetonius Tranquillus）寫的《十二凱薩傳》（*Lives of the Twelve Caesars*）。我會隨機翻開任一頁，然後睜開雙眼讀上一小時。我讀得越多就看得越清楚，這個世界永遠都置身極度痛苦的劇烈動盪中，文明也總是在危機中蹣跚前行。戰爭、饑荒、貧困、瘟疫等天災，以及人類自相殘殺的悲劇，都在書中每一頁橫行肆虐。我每次讀完一小時的歷史就會意識到，現狀即使再如何崩壞，也都遠遠勝過歷史上那些艱難時刻。這層體認賦予我一種能力，得以採取正確的態度直視我的煩

惱，並相信整個世界正走向越來越美好的未來。

這套心法值得大書特書一整章。請讀讀歷史！**試圖採取萬年歷史洪流的視角審視自己的問題，你會發現，在永恆之前，自身的麻煩有多麼微不足道。**

案例3：順勢而為，在風暴過去後立即起身行動

——R．V．C．巴德利（R. V. C. Bodley），牛津大學巴德利圖書館（Bodleian Library）創辦人後裔、《撒哈拉之風》（*Wind in the Sahara*）作者

一九一八年，我遠離自己熟悉的世界，遠赴非洲西北部，與當地的阿拉伯人一同住在撒哈拉，這裡素有「阿拉的花園」之喻。我在當地住了七年，學會遊牧民族的語言、穿他們的衣服、吃他們的食物，也和他們過一樣的生活。這種生活模式歷經兩千年幾乎未曾改變。我變成羊群的擁有者，也睡在阿拉伯人的帳篷裡，更深入研究他們的宗教信仰。事實上，我後來還曾經出版《信差》（*The Messenger*）這本關於穆罕默德的專書。

我和浪跡天涯的牧羊人共同生活的這七年，是人生中最寧靜、最滿足的時光。

我住在撒哈拉時遇過一次猛烈的西洛可風（sirocco），整整咆哮三天三夜，不但威力強大，還夾帶著撒哈拉的沙子橫掃幾百公里。這股熱風的溫度極高，我覺得自己的頭髮彷彿都要燒焦了；我的喉嚨乾渴難耐、雙眼灼痛，而且齒縫間黏滿沙塵；同時也感覺自己好似站在玻璃工廠的熔爐前方，只能

勉強維持神智清醒，近乎崩潰。但是阿拉伯人毫無抱怨，只是聳聳肩說：「天意！上天的旨意。」

然而，風暴一停歇，他們馬上就跳起來行動：他們知道，所有的小羔羊都活不下來，只好全部宰殺，希望可以藉此拯救母羊。等他們宰殺完所有的小羔羊，就趕著整批羊群南下尋找水源。**他們在執行過程中顯得如此從容平靜，完全沒有擔憂、抱怨或哀悼損失。部族首領只說：「不算太糟。我們原本可能失去一切。但感謝真主，我們還保有四成羊群，可以重新開始。」**

許多人都對宿命論嗤之以鼻。或許他們是對的，畢竟誰能預知未來呢？但是，我們所有人都必須有能力清楚看見自身的命運常是如何被決定的。我回首過往便可以清楚看見，那些遠非我能力得以掌控的事件一次又一次地改變我的人生走向。**阿拉伯人稱此為「天意」或「天命」，也就是真主的旨意。隨你想要怎麼稱呼都好，重點是它會為你帶來出其不意的變化。**我只知道，現在我已經離開撒哈拉十七年了，依然保有當年我從阿拉伯人身上學到的順勢而為心態。這種人生哲學安撫神經的效果顯著，遠非坊間千萬種鎮靜劑所及。

當暴烈而灼熱的風暴席捲人生，我們卻毫無招架能力時，請平靜地接受一切不可避免的結果。一旦事過境遷，就立即起身行動，拾起碎片！

案例4：面對苦悶時刻，他用五招找回活力

——威廉．里昂．菲爾普斯，耶魯大學教授

招式一：帶著興味與熱忱過生活

我二十四歲那年，視力突然驟降，大概閱讀三、四分鐘，雙眼就會如針刺般疼痛；但即使我不讀書，眼睛也很敏感，連吹到風都痛。我諮詢諸多頂尖眼科醫師，他們全都束手無策。每天過了傍晚四點，我就只能乾坐在屋子裡最黑暗的角落等著上床睡覺。我嚇壞了，害怕自己從此得放棄教職。不過後來有件怪事發生，展現出心智力量凌駕身體疾患的神奇效果。那年冬季，我的雙眼情況糟糕透頂，這時卻接到一場畢業生演說邀約。大禮堂的天花板內嵌巨大的照明燈，強烈的光線灼痛我的雙眼，所以我坐在講台上時只能望向地板。不過在那場演說的三十分鐘裡，我卻完全不覺得雙眼刺痛，甚至可以一眨也不眨地直視上方光線。等到演說一結束，雙眼馬上又痛起來了。

之後我想，如果我能夠強烈專注某件事不只三十分鐘，而是一星期，也許我就能不藥而癒了。因為這次的經驗證明，精神的亢奮可以戰勝身體病痛。

不久後，我在乘船時體驗到另一回相似的經歷。當時我腰痛到無法行走，即使只是試圖站起身來都會劇痛不已。在這種情形下，我受邀登船演講。當我開口演說時，痠痛便突然消失了。我可以站得筆直、隨心所欲活動肢體，而且還能侃侃而談一小時。演說結束後，我還能輕鬆自在地走回艙房。我一度以為就此痊癒，但只是短暫緩解，沒一會兒腰痛再度復發。

種種經歷讓我切實體會到，我們的心智狀態有多麼重要，這些經驗教會我及時享受人生的道理。**現在我把每一天，都當作此生睜開眼的第一天和闔上眼的最後一天，因此每天的生活冒險都讓我不亦樂乎**。沒有任何置身這種喜悅狀態的人還會為煩憂所困擾。我熱愛教育這一行，因此寫了一本書，名為《教學樂無窮》（*The Excitement of Teaching*）。對我來說，教書永遠不只是一門藝術或職業而已，更是熱情之所在。每天清晨我從睜眼到下床之前想到的畫面都是熱切又開心的學生。我一向認為，人生走向成功的首要因素就是熱忱。

招式二：讀一本令人忘我的好書

我發現，我只要閱讀一本扣人心弦的好書，就能將憂慮掃出心門。五十九歲那年，我有很長一陣子精神衰弱。在那段時間裡，我開始閱讀大衛．艾列克．威爾森（David Alec Wilson）的不朽著作《卡萊爾的一生》（*Life of Carlyle*），它對我的康復產生很大的影響。**由於讀得渾然忘我，我便完全忘記自身的抑鬱情緒了**。

招式三：好好活動身體

在另一段情緒嚴重低落的時期，我強迫自己每天都要活動筋骨。每天早上我都會打五、六盤激烈的網球，然後沖個澡、吃午餐，下午再打十八洞高爾夫球。到了週五晚上，我會跳舞直至隔天凌晨一點。我深信激烈運動能帶來奇效，因為我發現，**只要一流汗，憂鬱與煩惱也就從體內逐漸消失了**。

招式四：工作時放輕鬆

很久以前我就學到，一定要**避免在匆忙又焦慮的高壓環境下工作**。我一向奉行威爾伯．克羅斯（Wilbur Cross）的人生哲學。他還在擔任康乃狄克州州長時曾經告訴我：「有些時候，當我手邊有太多事情要做時，反而會乾脆先坐下來，抽抽菸，休息一小時，什麼也不做。」

招式五：反問自己日後反應

我也學到，耐心和時間是解決憂慮的良方。當我擔憂某件事時，會試圖反問自己：「從現在起的兩個月後，我應該不會再繼續煩惱這次的厄運了吧。那現在又何苦擔心？**何不先調整成兩個月後的心態來面對這件事？**」

案例5：熬過昨天，就能挺過今天

——桃樂絲．迪克斯（Dorothy Dix），記者、專欄作家

我曾走過貧病交迫的深淵。當旁人問我，是什麼撐著我走過人生所有風雨，我總是回答：「**我熬過昨天，就能挺過今天。我不會放任自己猜想明天會怎樣。**」

我嘗過希望、掙扎、焦慮和絕望的滋味。我總是被迫努力工作直到體力透支，終至遍體鱗傷、日漸憔悴、未老先衰。

不過我絕不自怨自艾，不為已逝的過去流一滴淚，不嫉妒所有無須走過這一遭的幸運女性。因為我是真真切切地活過來，我將人生這杯苦酒一飲而盡，我知道許多人這輩子都不明白的事情，我看透許多人們視若無睹的事情。唯有那些雙眼已經被淚水洗淨的女性才能換來寬闊視野，小人物才得以深刻理解全世界。

在這所偉大的艱苦人生大學裡，我學到一道哲理：活在當下，不要因為煩惱明天，就連今天都過不好。未來一片黯淡的前景會讓我們成為懦夫，但我卻直視憂懼。因為經驗已經教會我，當我恐懼的

時刻真正來到，自會油然生出力量與智慧。微不足道的煩心小事再也沒有影響我的力量。你若曾親眼目睹幸福的大廈轟然崩垮變成一片廢墟，那麼，服務生忘記擺放桌巾或是廚師溢灑湯汁之類的芝麻綠豆小事又何足掛齒？

我還學到，切勿對他人抱持過高期待，這樣我就能繼續和那些不夠真誠的朋友出門開心找樂子。最重要的是，我學會保持幽默，因為有太多事情我只能選擇哭天喊地或是一笑置之。當女人可以拿自己的麻煩開玩笑，而非歇斯底里大發神經，天底下就沒有什麼事可以傷得了她。我不遺憾自己歷經過艱苦人生，因為正是這些經歷讓我真實體會活著的每一刻。我甘願為這一遭付出代價。

我秉持「活在當下」的人生觀，克服憂慮。

案例6：活動身體，就能清空煩惱

——艾迪．伊根（Eddie Eagan），奧運拳擊輕重量級冠軍、陸軍上校、紐約律師

每當我發現自己開始焦躁不安，滿腦子胡思亂想以至於思緒糾纏打結時，狠狠操練一下身體總能幫助我趕走「憂鬱」，有時我會去跑步或到鄉間長途健行，有時則狂打沙包半小時，或是上健身房打壁球。無論哪一種，體能活動都可以讓我的精神煥然一新。到了週末，我會大量運動，好比打高爾夫、網球，或者是去滑雪。唯有讓身體累癱，我的思緒才能遠離法律事務，圖個清靜。之後，當我重返工作崗位，往往頭腦清晰、充滿活力。

我在紐約工作，經常可以偷空去健身房運動一小時。沒有人在打壁球或滑雪的當下還有心力憂

愁。當下根本就忙到沒空想這些，這麼一來，堆積如山的煩惱就會變成低陵矮丘，被新一波思想與行動迅速消弭。

我發現，**對抗憂慮的最佳良方就是運動。每當煩惱一湧而上，你就多用肌肉、少用大腦**，成果會讓你大吃一驚。這個方法對我來說很合用：身體一動，煩惱清空！

案例7：找到人生意義基石，汲取平靜與力量

——約瑟夫．R．賽祖博士（Dr. Joseph R. Sizoo），新布朗司威克神學院（New Brunswick Theological Seminary，美國歷史最悠久的神學院）校長

許多年前，有一段時間我的人生充滿不確定、萬事幻滅，似乎一切都已經脫離掌控。某天清晨，我在極偶然的情況下翻開《新約聖經》（*New Testament*），視線剛好落上這句話：「**那差我來的是與我同在，祂沒有撇下我獨自在這裡。**」從那一刻起，我的人生大不相同，從此對所有事情改觀。每一天我都對著自己複述這句話。許多人前來諮詢我的那些年裡，我總是奉送他們這句永垂不朽的金句。打從我的視線剛好落在這句話上的那一刻起，它就伴我一生。我走到哪裡就帶到哪裡，在其中找到平靜與力量。對我來說，這句話就是信仰的本質，也是奠定人生意義的基石，更是我這一生的金玉良言。

案例8：用幽默自嘲化解擔心得病的焦慮

——波西．H．懷汀（Percy H. Whiting），《銷售的五大金科玉律》（*The Five Great Rules of Selling*）作者

我可能比世上任何人都更常被疾病嚇得半死，但我並不是所謂的疑病症患者。家父開了一家藥局，我實際上就是在藥局裡長大。我每天都和醫師、護士聊天，比一般人更清楚許多疾病的名稱與症狀。所以我不是在幻想，是真的有症狀！我只要開始擔心自己得了某種病，一、兩個小時之後就會真的出現這種病的症狀。我記得有一次，疫情橫掃全鎮。我每天都在家父的藥局忙著賣藥給家有患者的顧客。然後，我最害怕的事情終於落到頭上了：我自己也染疫了。我很篤定事實如此。我躺上床，開始擔憂標準病徵一一出現。醫師看診後說：「沒錯，你真的得病了。」這句話反而讓我鬆了一口氣。因為一旦我真的確診，就再也不用害怕可能會得病。所以我又躺下去睡回籠覺。隔天早上醒來，反倒覺得自己健康得不得了。

現在我可以拿往事出來當笑話說，但當年卻是一連串悲劇，好多年來，我活得膽戰心驚，總覺得自己已經一腳踏進棺材裡了。小時候我曾經好幾次認為自己染上破傷風和狂犬病，長大後則是認為自己得了癌症和肺結核。添購新衣時，我經常會自問：「我要是活得不夠久，無法穿回本，幹麼還要浪費錢？」

不過，現在我很高興可以在此宣布：過去十年，我一次也沒認為自己必死無疑過。

我發現一個好方法可以遏止患病的憂慮，那就是自嘲愛幻想的壞習慣。**每一次我發現又冒出可怕病症的徵兆時，就會笑自己：「你看看，二十年來你一直假死於這種病或那種病，但是你現在還不是**

頭好壯壯？最近才有保險公司讓你添購保單吔！難道此刻不是好好嘲笑自己是天下第一蠢蛋的最佳時機嗎？」我很快就發現，根本不可能一邊擔憂自己，一邊還能挖苦自己，從此以後乾脆都用自嘲直球對決。

重點在於，不要把自己看得太重要。試圖自嘲一些蠢到不行的煩惱，然後看看你能不能把它們挖苦到從此消失無蹤。

案例9：人生跌到谷底，發現最糟不過如此

——荷馬．克洛伊（Homer Croy），知名作家

我這一生中最痛苦的一天發生在一九三三年。那天，警長踏入我家前門，我則是從後門黯然離去，從此失去位於紐約長島的家園。這裡是我兒女的出生地，我們全家在此生活十八年，我做夢也沒有想到會有這麼一天。十二年前，我還自以為登上世界巔峰，當時我剛以天價賣出小說《水塔之西》（*West of the Water Tower*）的電影版權，因此帶著全家在國外逍遙整整兩年，夏季在瑞士避暑，冬季在法國蔚藍海岸度過。就和那些遊手好閒的富豪一樣。

我在巴黎住了六個月，完成新作《他們得來瞧瞧巴黎》（*They had to see Paris*），同樣被搬上大銀幕，我收到一筆非常誘人的天價提案，要我留在好萊塢打造幾套電影劇本。不過我婉拒了，逕直回到紐約。哪知麻煩從此輪番上陣。

當時，我慢慢醒悟，自己擁有仍在冬眠的無窮潛力，從來不曾試圖開發，於是我開始幻想自己搖身一變成為精明的生意人。有人告訴我，美國富商在紐約投資土地賺進幾百萬美元，要是他能致富，憑什麼我做不到？我要變有錢！於是我開始翻閱精美的遊艇雜誌。

我只有一股愚勇，因為我完全不懂買賣房地產的訣竅。我抵押名下房產取得資金，然後買下森林小丘（Forest Hills）幾處最精華的建築地段。我已經打好算盤，要慢慢養到衝上天價再脫手，到時候我就能過上豪奢生活了。我一邊憐憫那些窩在辦公室的小方格裡為了微薄薪水拚命工作的人，一邊對自己說，金融奇才的神聖天賦就在我身上。

哪知突然間，大蕭條就像熱帶氣旋一樣撲面襲來，我只能在風暴中搖搖欲墜。

每個月我都得掏出二百二十美元，倒進房產商的血盆大口中。我從來不知道，一個月竟然過得這麼快！此外，我還得償付抵押房產的貸款，更得想辦法擠出吃飯錢，整個人心煩意亂。我試著幫雜誌寫一些幽默文稿，但寫出來的內容卻很悲情！我賣不掉任何作品，寫出的小說每一本都慘不忍睹。我花光了老本，除了打字機和齒縫之間的純金填充物，已經擠不出任何資產可以典當了。鮮奶供應商早就停止送奶，燃氣公司也停止發送燃氣，我們只得去買廣告文宣推銷的戶外露營用小火爐。我得先手動把煤氣打上來，然後它才會像壞脾氣的鵝一樣發出嘶聲，吐出火苗。

我們的煤炭很快就燒完了；收不到欠款的供應商開始提告。我們唯一可以取暖的裝置就只剩下壁爐，而我這個誇口想要躋身富豪俱樂部的人，竟然會在半夜出門撿拾有錢人在附近蓋豪宅用剩的木板和廢料……

我憂愁得要命，整夜無法入眠，經常在半夜起床來回踱步好幾個小時，只是想讓自己累到足以入睡。

我的損失不只是那些之前花錢買進的建地，還有我傾注其中的全部心血。銀行停止我的自宅房貸，沒收我的房產，還把我們全家趕到大街上。

我們東拼西湊總算籌到一點錢租下一間小公寓，在一九三三年最後一天搬進去。我坐在打包紙箱上環顧四周，突然間，老媽掛在嘴上的古諺浮現腦中：「不要為打翻的牛奶哭泣。」

但是，我失去的不是牛奶，而是這輩子的心血！

我坐了一會兒後對自己說：「好吧，我就這麼跌到谷底了，也這麼咬牙撐過來了。最糟不過如此，以後只會一路向上。」

我開始思考那些連房貸危機都奪不走的珍貴資產：我的身體還很健康，朋友也不少；我會東山再起，不再悲懷過去；我會每天都對自己重述老媽掛在嘴上那句丟了就算了的老話。

我把之前花在胡思亂想的精力全部投入工作，處境便開始一點一滴改善了。現在我幾乎是對自己當初經歷的所有苦難心懷感激，因為它們帶給我力量、勇氣和自信。如今我完全明白何謂跌到谷底，但我也知道，跌到谷底其實不會殺死你；我知道我們可以站得比自己以為的還要堅挺。如今，當芝麻綠豆大的麻煩、焦慮與不安湧上時，我總會回想當年坐在打包紙箱上對自己說的話：「好吧，**我就這麼跌到谷底了，也這麼咬牙撐過來了。最糟不過如此，以後只會一路向上。**」然後把憂慮全都掃出心門。

不要刨木屑！接受無可避免的結果！如果跌無可跌，請試著往上爬。

案例10：自我激勵、自我提醒，擊退憂慮大敵

——傑克．鄧普西、世界重量級拳王

我發現，在職業拳擊生涯裡對戰過的所有重量級拳手中，沒有誰會比萬惡之王「憂慮」還要難纏。我明白，我得學會停止憂慮，否則它會耗盡我的活力、左右我的成敗。所以，我一點一滴摸索出一套適合自己的系統，以下就是我的做法：

做法一：用積極的想法激勵自己

我為了保持昂揚鬥志，比賽時會對自己打氣喊話。舉例來說，我和強敵對戰時會反覆告訴自己：「沒有什麼能阻止我。他傷不了我。他出拳對我無用，我不會受傷。無論如何，我都會勇往直前。」**不斷抬出積極詞彙和想法來激勵自己，這種做法對我幫助很大，甚至能讓我心無旁鶩，即使拳頭落在身上也不覺得痛。**我在拳擊職涯中，曾經打到嘴唇破裂、雙眼受傷、肋骨折斷，也曾經被對手打得飛出擂台，把記者的打字機壓得粉碎。但即使是重磅出拳我都沒有感覺，我極少覺得痛。

做法二：提醒自己擔心會損害健康

另一個方法就是不斷提醒自己：煩惱毫無意義。我最焦慮的時刻多半是重要比賽登場前的訓練期，半夜經常煩惱到睡不著。我會擔心自己在第一回合就斷手、傷腳或傷眼，失去回擊能力。一旦我陷入這種緊張情緒裡，就會乾脆起身走到鏡子前，對自己說話。我會對自己說：「**你現在就在擔心還沒發生、甚至可能不會發生的事，未免太傻了。人生苦短，我只有幾年好光景，理當享受人生。**」我

繼續對自己說：「除了身體健康，其他都不重要；除了身體健康，其他都不重要。」我不斷提醒自己，失眠和憂慮會損害我的健康。我發現日復一日、年復一年地自我提醒這些事情，它們自會深深烙在腦海中，幫助我一舉將憂愁掃出心門。

做法三：祈禱

最好用的方法是禱告！每次比賽登場前的訓練期間，我總是會一天禱告好幾次；上場比賽時，我也總是會在每一回合鈴響之前禱告。這麼做讓我帶著勇氣與信心再度上場與對手拚搏。我這一生不曾略過禱告就上床就寢，也不曾尚未感謝上帝就用餐……上帝有回應我的禱告嗎？祂回應了成千上萬次！

案例11：靠忙碌與知福，照料臥床家人無怨言

——凱絲琳．霍爾特（Kathleen Halter），家庭主婦

我的哥哥受了重傷，深受苦痛折磨，直到兩年後嚥下最後一口氣。他無法自己進食或翻身，為了緩解他的痛苦，我每隔三小時就得為他注射嗎啡。我堅持了兩年。當時我在住家附近的學院教音樂，每當鄰居聽到我哥哥痛苦地大喊出聲，就會打電話到學校給我，而我會暫停音樂課，飛奔回家為他打一劑嗎啡。每晚就寢前，我都會設定好鬧鐘，確保三個小時後能起床照料他。冬夜時我會在窗外擺一瓶鮮奶，讓它結凍變成我愛吃的冰淇淋。每當鬧鐘響起，窗外那瓶冰淇淋就是提供我起床的額外動

力。

雖然生活總有大大小小的麻煩，**我力行兩個法則以防自己耽溺在自怨自艾的漩渦中，不想讓憎恨毀了我的人生。**

法則一：保持忙碌，沒有時間胡思亂想

第一，我讓自己忙著教音樂，一天排滿十二到十四小時，這樣才不會有時間胡思亂想。就算我隱隱約約開始自憐了，也會一遍遍對自己說：「**現在給我聽著，只要你還能走、能吃、免受病痛折磨，你就是全世界最幸福的人了**。無論發生什麼事，只要你還活著，就絕對不能忘記這一點！絕不能忘！絕不能忘！」

法則二：細數福報，感受擁有的幸福

我下定決心要盡一切努力，培養永遠感恩自己擁有許多福報的心態。每天早上起床後，我都會為了自己還能下床準備並享用早餐感謝上帝。儘管困難重重，我一心一意想要做小鎮上最快樂的人。或許我沒有真的達成這個目標，只是成功將自己變成鎮上最懂得感恩的年輕女性，但同輩中可能沒有幾個人像我這樣不憂不愁。

案例12：以為工作不能沒有我，累壞後才發現並非如此

——卡麥隆．西普（Cameron Shipp），雜誌寫手

我在加州華納兄弟（Warner Brothers）電影公司公關部門開心工作多年，主要工作是負責提供媒體專題特稿，也就是為報刊雜誌撰寫華納兄弟旗下紅星的相關報導。

突然間我就高升了，躍為助理公關總監。事實上，由於高層變更行政政策，我還被賦予一個響亮的頭銜：行政助理。

伴隨而來的福利是一間附帶獨立冰箱的超大辦公室、兩名祕書，而且全權管理七十五名寫手、開發人員和電台工作團隊。我樂壞了，立刻跑去買一套新西裝。我開始忙於工作，總是匆匆解決午餐。

我深信，華納兄弟的整套公關政策都得出自我的妙手，而自以為人氣爆棚的明星，無論是公共形象或私人生活都取決於我手中那枝筆。

不到一個月，我就發現自己罹患了胃潰瘍，搞不好還會惡化成胃癌。

我熱愛這份工作，也熱愛開例會時和友人敘舊。但是這些聚會漸漸讓我望之卻步。每次我開完會都會格外不舒服，常常回家時得在路邊暫時停車，等狀況舒緩一點才能繼續上路。手上總是有太多事情要做，但時間永遠不夠，而且每一件事都很重要，我毫無餘裕可言。

我太耿直了，這一點也是我這一生最過不去的坎。我老是覺得身體器官出毛病，因此體重直落、夜不成眠，身體疼痛依舊不減。

於是我求助廣告界朋友推薦的知名內科醫師，他說業界許多人都去找他看病。

這名醫師相當沉默，只要求我告知疼痛部位和職業。比起我的病痛，他好像對我的工作更感興

趣，不過我很快就不以為意。連續兩週，他都要我每天接受各種檢查，包括問診、探針、照X光等等。最後，我終於被醫師叫去看報告。

「西普先生，」他躺在椅背上悠哉地說，「我們已經徹底做過各種必要檢查，不過結果其實就和一開始我的診斷結果一樣，那就是，你並未罹患胃潰瘍。」

「不過我也知道，以你的個性和工作類型來看，除非我亮出檢查結果，否則你可能不會相信我。現在我們就來看看吧。」

於是他亮出檢查結果和X光片並一一解釋。事實證明我真的沒有罹患胃潰瘍。

「現在，」醫師說，「雖然這些檢查花了你一大筆錢，但一切值得。我的處方箋只有一句話：不要想太多。」

他接著說：「現在，我知道你一時半刻做不到，所以我會開一些藥丸給你，想吃幾顆就吃幾顆，吃完後再來找我，到時候我再開更多給你。它們沒有什麼副作用，只會讓你放輕鬆。**但是請記住：其實你不需要吃藥，只要停止憂慮就萬事大吉**。如果你又開始想東想西，很快就得回頭來找我，到時候我又會收你一大筆診療費。你覺得這樣有比較好嗎？」

我真希望自己可以告訴你，這番建言馬上發揮作用，當下我就不再杞人憂天。但事實不然。我只要一覺得自己開始胡思亂想就會服藥，因此一連吃了好幾個星期。它們確實有用，我馬上就覺得舒服多了。

不過吃藥這件事讓我覺得自己很蠢。我是人高馬大的壯漢，卻得靠吞服這些白色小藥丸才能放輕鬆。每當朋友問起我為何要服藥，我實在說不出真相。漸漸地我開始自嘲：「喂，卡麥隆．西普，你真的很像白痴吔，**何必把自己和那份簡單工作看得這麼重要。那些明星早在你接手宣傳工作之前就已**

經紅遍全世界了。要是你今晚翹辮子，華納兄弟和旗下紅星也可以在沒有你的情況下想辦法搞定一切。」

自尊心讓我開始慢慢擺脫小藥丸。沒多久我就把它們全部扔掉，而且每天晚上都準時回家，並在晚餐前小憩一番，生活漸漸步上正常軌道。此後我再也沒有回去找過那位醫師。

當初他向我收取的天價診療費，遠比不上我心中對他的滿滿感激。他教會我自嘲，不過我覺得他真正高明之處在於，他不曾顯露一絲嘲弄神色，也不曾武斷地告訴我，根本沒什麼好煩惱的。他認真看待我的問題，並挽救我的顏面。他給我的小藥盒代表一條出路，但當時他就知道，真正的解藥不是裝在裡面的愚蠢小藥丸，而是我的心態從此煥然一新。這一點我直到現在才領悟。

案例13：不可能在今天就先洗好明天的髒盤子

——威廉．伍德（William Wood），牧師

幾年前，我飽受胃部劇痛困擾，每天晚上都會醒來兩、三次，然後痛到無法再入睡。我曾目睹家父生前被胃癌折磨得不成人形，因此很怕自己也將步上罹患胃潰瘍或胃癌的後塵。於是我去醫院做檢查。胃科權威為我做胃部檢查，也照了X光，然後開了一些助眠藥給我，還向我保證完全沒有罹患胃潰瘍或胃癌的跡象。他說，我的胃痛是情緒壓力所致。由於我是牧師，因此他問我的第一個問題是：「你們的教會執事裡是不是有難纏的老頑固？」

他想問的重點我完全明白——我要做的事情太多了。我除了每個禮拜日布道外，還承辦教堂的其

他各種活動；此外我也是紅十字會會長、同濟會（Kiwanis）會長，甚至每個星期還主持二至三場葬禮和其他活動。

我長年在高壓下工作，不得休息；我總是緊張、匆忙且緊繃，以至於漸漸為每一件事焦慮，生活變得緊張又慌亂。我苦不堪言，因此很開心可以遵照醫生囑咐，每週一休息，並開始卸下各種責任與活動。

有一天，我在清理書桌時突然福至心靈想到一計，事後證明十分有效。我檢視著桌上一疊早已是過去式的布道詞和便箋，一張張拾起並揉成一團扔到廢紙簍裡。突然間，我停下來對自己說：「比爾，**你怎麼不也像扔廢紙一樣，把追憶過往的煩憂一併倒進廢紙簍裡？**」這道想法立即為我帶來啟示，讓我覺得自己肩頭上的重擔似乎卸下來了。從那天起，我便將這句話奉為圭臬，將所有我已經無能為力的問題全都倒進廢紙簍裡。

之後有一天，我在內人洗碗時負責擦碗盤，突然間我又靈光一閃。我看著內人邊唱歌邊洗碗盤，心想：「看看老婆有多開心。我們已經結婚十八年了，她也已經洗了十八年的碗盤。假設當年我們結婚時，她曾經算過未來十八年要洗的碗盤數量，堆起來搞不好都有一座穀倉這麼高。任何女人聽到這裡肯定都會嚇到悔婚吧。」

接著我對自己說：「老婆不介意洗碗盤，是因為她一次只洗一天份。」於是**我看清楚自己的問題在哪裡了：我不只試圖洗今天的碗盤，也想洗昨天的碗盤，還想洗根本就還沒用到的碗盤**。

我看清自己簡直就是個大白痴。每個禮拜日早晨，我都站在講壇上對信徒說教，講述應當如何過生活，但自己卻是過得緊張、憂慮又匆忙。當下不禁深感慚愧。

如今，憂愁已經無法傷我一分一毫。我不再有胃痛和失眠的毛病，也學會把過去的憂慮揉成一團扔進廢紙簍裡，更不再想在今天就先洗好明天的髒盤子。

「今日若要扛著明日的重擔，一邊還要承受昨日的重擔，將成為最大的障礙。」那又何必自尋煩惱？

案例14：找到新興趣，竟讓重傷奇蹟般復原

——戴爾．休斯（Del Hughes），會計師

一九四三年，斷了三根肋骨、肺部穿洞的我被送進榮民醫院。這場意外發生在夏威夷群島的海軍兩棲登陸演習行動，我正準備從船上跳下來登陸沙灘，突然間大浪襲來，掀翻駁船，把我重重地摔到沙灘上，三根肋骨應聲而斷，其中一根刺穿我的右肺。我在住院三個月後聽到猶如晴天霹靂的消息，醫師群告訴我，完全沒有復原的跡象。我仔細思考後，認為是自己想太多，以至於妨礙身體康復。受傷以前，我的人生活躍又充實，但這三個月裡我成天就只是躺在病床上，除了胡思亂想，什麼事都做不成。結果我越想越憂愁：擔心自己日後在這個世界是否還有容身之處；煩惱下半輩子是不是就成了廢人；也憂心是否還有可能娶妻生子，過著健康快樂的生活。

我拜託醫師把我移到隔壁被大家稱為「鄉村俱樂部」的那間病房，因為住在那裡的病人幾乎是想做什麼就做什麼。

我換到「鄉村俱樂部」的病房後，開始對橋牌產生濃厚興趣。我花了六星期學習入門技巧，吆喝

病友一起玩，還找專書潛心研究。六週以後，我可說是天天玩橋牌，直到出院為止。我也開始對油畫感興趣，每天下午三點到五點都跟著一位老師學習。我的畫功進步神速，有些作品你一眼就能看出來我在畫什麼！我也試著學習手作香皂與木雕，結果在讀了幾本相關專書以後，興趣日益高漲。我讓自己忙得不亦樂乎，幾乎沒有時間多想身體狀況，甚至還撥出時間閱讀紅十字會的幾本心理學書籍。將近三個月後，全體醫療團隊來探訪我，恭喜我「奇蹟一般地神速康復」，我高興得幾乎大叫出聲。

我想表達的重點是：**當我閒得發慌，只能躺在床上胡思亂想未來的時候，完全沒有康復的跡象，因為我放任憂愁毒害身心**，即使只是肋骨斷掉也遲遲無法癒合。不過一旦我開始玩橋牌、投入油畫與木雕，心思不再繞著自己打轉，醫師就宣布我「奇蹟一般地神速康復」。

現在我過著正常、健康的生活，肺好得不得了。

「痛苦的祕密源自於有閒功夫擔心自己是否幸福。」請動起來，請忙起來！

案例15：寫下煩惱繼續過活，時間真的會治癒一切

——小路易士・T・蒙頓（Louis T. Montant Jr.），市場分析師

憂慮奪走我十八歲到二十八歲的十年青春，這段時間理當是最多采多姿、豐富充實的時光。現在我知道，白白浪費這些年是我自己的錯，怪不得別人。

當時我什麼事都心煩：工作、健康、家庭與自卑感……我實在太焦慮了，為避免和熟人撞個正

著，甚至會快步逃向馬路另一頭。當我在街上巧遇朋友，只因擔心自己受到冷落，就會乾脆假裝沒看到對方。

我很害怕遇到陌生人，怕到只要有陌生人在場就會驚惶不安。在這種情形下，我無法鼓起勇氣告訴三位不同公司的面試官自己具備什麼專長，結果兩個星期內就搞丟三個工作機會。

然後，就在八年前某一天下午，我一舉克服所有憂慮，而且從此以後鮮少煩憂。那天下午，我剛好在某位男士的辦公室裡，這個人正被數不清的麻煩纏身，遠比我嚴重得多，但他又是我認識的人裡面最樂觀正面的人。一九二九年，他賺了一大筆錢，沒多久後卻賠個精光；四年後他再度發達了，之後卻又散盡家財；六年後第三次致富，不過最後也一樣敗光。他經歷過破產，也曾經被債主和仇敵追著跑。對他來說，所有可能會讓其他人崩潰尋短的大小麻煩，都像船過水無痕、鳥飛不留影。

八年前，當我坐在他的辦公室之中，心中百般豔羨，多麼希望上帝能讓我像他一樣堅強。

當時我們正在談話，他隨手丟來一封早上收到的信，然後說：「打開來看。」

整封信充滿濃濃的火藥味，還大剌剌地提出讓人難堪的質問。倘若收件者是我，大概會陷入驚慌。我問：「比爾，你打算怎麼回覆這封信？」

「這個嘛，」比爾說，「我就教你一記絕招。下次你要是遇到煩心事，就拿出紙筆坐下來，寫下困擾你的種種細節。然後把這張紙丟進書桌右下方的抽屜裡，等過幾個星期再拿出來看。在重讀的當下，如果當初寫下來的事情仍糾纏不休，那就再把這封信丟進書桌右下方的抽屜裡，讓它再躺個幾星期。反正它不會跑掉，也不會出什麼差錯。**但同時可能會有各種事情發生，改變你煩惱的這個問題。我發現，只要我願意耐心等待，一直糾纏不休的憂愁往往會自動人間蒸發。**」

比爾的建言在我腦海中留下深刻印象。多年來我都奉行他的建議，結果是，我真的很少再煩憂任何事了。

時間能夠解決許多問題，或許也可以解決當下讓你心煩不已的諸多憂愁。

案例16：接受最壞可能，反倒起死回生

——約瑟夫．L．萊恩（Joseph L. Ryan），皇家打字機公司（Royal Typewriter Company）主管

幾年前，我成為一樁訴訟案的證人，這件事帶給我巨大的精神壓力和焦慮。等到案子一結束，我馬上就搭火車回家，途中卻突然心臟不適，幾乎無法呼吸，身體一下子就垮了。

我到家後先請醫師為我打針。當時我並不是躺在床上，因為我連從客廳沙發上站起來走進臥室都辦不到。等我恢復意識，居然看到教區牧師已經站在面前，準備為我進行臨終禱告！

我看到家人的臉上全都流露出悲傷神情，便知道自己時間不多了。稍後我還聽見醫師對內人說，我可能撐不過三十分鐘。我的心跳微弱，醫師警告我不准說話，甚至連手指都不能動。

我從來就不是什麼聖人，**但我學會一件事：不應和上帝爭辯。於是我閉上雙眼默想：「就按照祢的旨意吧……如果命該如此，就按照祢的旨意吧。」**

我一想到這個念頭，全身似乎就變得輕鬆，恐懼也瞬間消失。我輕聲自問，現在還能發生什麼樣的最壞結果。不過，最壞結局大概就是痙攣發作，極度痛苦，然後正式從人生畢業。我會去見造物主，從此永保平靜。

我躺在沙發上枯等一小時，但是已經不再感到疼痛。最後，我又開始自問，要是我逃過一劫，那

人生下半場要做什麼。我下定決心，從今以後要傾盡全力恢復健康，不再動輒以緊張、焦慮虐待身體，還要重新找回活力。

那是四年前的事了。如今我已經重新找回活力，就連醫師看到我的心電圖顯示順利康復都大感意外。我不再日夜憂心，而且對生活充滿熱忱。不過坦白說，要是我沒有到鬼門關前走一遭，並在撿回一條命後努力改善，我不相信自己有機會站在這裡講述這段經過。倘若我沒能平心靜氣接受最糟糕的結局，我相信自己大概早就被恐懼和驚慌給嚇死了。

接受可能發生的最壞狀況，果真是對抗焦慮的神奇方程式！

案例17：把工作留在辦公室，打破憂慮壞習慣

——歐德威．泰德（Ordway Tead），紐約市高等教育委員會主席、哥倫比亞大學講師、哈潑兄弟出版公司（Harper and Brothers）主管

憂慮是一種習慣，但許多年前就被我打破了。我相信，我能掙脫憂慮習慣，得歸功以下三件事：

首先，我太忙了，沒時間耽溺在自我毀滅的焦慮情結中。我身兼三職，幾乎每一種都像全職工作一樣吃重。我在哥倫比亞大學講課，同時身兼紐約市高等教育委員會主席，並掌管哈潑兄弟出版公司旗下的經濟與社會圖書部門。這三項職務拋出源源不絕的要求，讓我根本沒有時間悲憐、哀嘆或鑽牛角尖。

其次，我擅長拋卻煩惱。每次我完成一項任務、轉向下一樁任務時，當下就會把先前縈繞心頭的所有問題全都丟掉。我發現，**轉換任務能使人精神一振。光是這樣就能讓我放輕鬆，也讓我保持頭腦清醒**。

最後，我規定自己，**只要一離開辦公室，就必須把所有問題拋在腦後**。反正永遠不愁沒煩惱，而且每一個煩惱都有一大堆懸而未決的問題需要我花精神處理。要是我每天晚上都帶著這些事情回家，然後煩個沒完，我的健康可能早就毀了；此外，我的處理能力可能也會跟著毀滅。

我培養出的良好工作習慣，讓我得以掙脫憂慮。

案例18：建立專屬自己的抗憂清單

——康尼．梅克，職業棒球傳奇教練

我一頭栽進職棒圈超過六十三年，剛入行時薪資極低。那時我有一大堆煩心事，因為我是唯一連續七年球隊賽績墊底、八年間輸了八百場比賽的棒球經理。屢戰屢敗的挫折幾乎快要把我壓垮，讓我吃不下也睡不著。不過二十五年前，我終於不再憂慮。我打從心底相信，要不是那時候成功戰勝憂慮，我大概早就離開人世了。

當我回顧漫長一生，我相信，我是身體力行以下做法才能戰勝憂慮：

❶我明白，憂慮毫無用處，不僅讓我一事無成，還會威脅、摧毀我的職涯。

❷我明白，憂慮會蹧蹋我的身體健康。

❸我讓自己忙著計畫並實現未來的贏球目標，根本沒時間回想已經輸掉的比賽。

❹我立下規矩，球賽結束二十四小時之內，絕口不提隊員犯下的失誤。早年，我總是和全體球員一起在更衣室換裝。要是球隊輸球，我便會忍不住批評隊員，尖刻地針對他們的缺失發言。我發現，這種對峙只會徒增我的焦慮，因為當著其他隊友面前批評某一名球員只會讓他心生抗拒、不想合作。最終還會讓他難堪，找不到台階可下。所以，既然我不確定輸球以後能否管得住自己的嘴巴，倒不如立下規矩，輸球後絕對不要見球員，直到隔天再來分析落敗關鍵。屆時我已經恢復冷靜，失誤看起來也沒那麼嚴重，就可以心平氣和地和球員討論，他們也不會因為被我激怒就一逕自我防衛。

❺我試圖讚美球員的優點，激勵他們，不再雞蛋裡挑骨頭。我也試圖針對每個人想出一句中聽的肯定。

❻我發現，我要是筋疲力盡就會更加焦慮，因此每天晚上都會準時上床睡足十小時；每天下午還會再打個小盹，即使只有五分鐘都有莫大幫助。

❼我相信，保持活躍狀態是我避免憂慮、延年益壽的好方法。我已經八十五歲了，但是還不打算退休。

請製作一張自己專屬的清單，列舉你以前就發現有幫助的抗憂規則，實際寫下專屬於你的致勝心法！

案例19：遠離負能量職場，從此擺脫胃潰瘍

——亞頓・W・夏普（Arden W. Sharpe），業務員

五年前，我滿心憂慮、沮喪，而且疾病纏身。醫師說我得了胃潰瘍，因此開給我一張飲食清單。我只能喝牛奶、吃雞蛋，到了後來我一看到它們就想吐。不過我的情況根本沒有好轉。有一天，我讀到一篇關於癌症的文章，開始瘋狂幻想自己具備所有症狀，嚇得魂不附體。自然地，這種反應有如火上加油，加劇我的胃潰瘍。最後一記打擊是在二十四歲時，軍隊竟然以身材不符標準為由，拒絕我的入役申請！我在應該和同輩一樣年輕力壯的年紀，顯然被當成弱雞了。

我幾乎是束手無策，看不到眼前有一絲希望。我在絕望中試著分析自己究竟為何會走到這一步，真相開始一點一滴浮現。兩年前，在當業務員的我還是個快樂、健康的小夥子，後來進工廠工作，和整個廠區最熱愛負面思考的一群人一起共事，他們尖酸刻薄地批評每一件事，看什麼都不順眼。他們經常咒罵工作，不滿待遇低廉、工時過長、老闆刻薄，認為一切都爛透了。**我發現，自己在無意間也感染這種充滿惡意的態度**。

我慢慢開始領悟，自己的胃潰瘍可能就是滿腦子負面思想與苦澀情緒帶來的副作用，當下我便決定要重操自己喜歡的舊業，也就是回去做業務員，而且要和具備正面心態與建設性思考的人來往。這個決定或許從此拯救了我的人生。我四處結交思想正面樂觀的朋友及商業夥伴，也就是快樂、樂觀、與憂愁及胃潰瘍絕緣的樂天派。一旦我轉換自己的情緒，我的腸胃也就跟著起變化。我在很短的時間內就完全忘記自己曾有胃潰瘍的毛病，也很快發現，**你從他人身上汲取健康、幸福與成功之道，就和**

你習得憂慮、痛苦與失敗一樣容易。這就是我學到最重要的人生教訓，真希望自己更早幾年明白。我聽過、看過這種說法不下數十次，最終卻得吃盡苦頭才學到教訓。現在我終於明白，當耶穌說這句話時究竟是什麼意思：「因為他心怎樣思量，他為人就是怎樣。」

案例20：喚醒內在紅綠燈，從此不煩惱下一步走或停

——約瑟夫．M．卡特（Joseph M. Cotter），芝加哥市居民

從孩提時期、青少年到長大成人，我一直都很憂鬱，而且擔憂的事項五花八門、千奇百怪。有些是事實，但多數是想像情境。在極少數時候，我會發現自己當下竟然沒有任何煩惱，然後開始擔心是不是漏掉了什麼事情。

我在兩年前展開新生活，於是全面自我分析各項缺點與少數優點，也就是如戒酒互助會那樣進行「深入且大無畏的品格檢討」。這一次我確實找到一切煩憂的根源。

結論就是，我無法只為今天而活；總是懊惱昨天的錯誤，總是憂懼明天到來。

我總是一而再、再而三聽到「**今天就是你昨天窮擔心的明天**」這句話，不過往往完全無感。常常有人建議我只要做一套二十四小時的計畫，並照著走就夠了。他們說，只有當下這二十四小時在我掌控範圍內，所以每一天我都應該把握每分每秒過得充實。他們還說，只要我照辦，就會忙得不可開交，根本沒有時間擔心昨天或明天。所有的忠告都合乎邏輯，但不知為何這些該死的理論就是很難套用在我身上。

然後有一天，我突然在鐵路月台上找到答案。

我送幾名剛度完假的朋友去搭火車，在他們上車後沿著軌道慢慢踱向車頭，站在流線型車身旁注視閃亮的龐大引擎約莫一分鐘，不久後就轉移視線看著鐵軌前方巨大的信號燈。一開始先閃黃燈，然後立刻轉成明亮的綠燈。在那一刻，火車司機開始搖鈴示意，接著我就聽到熟悉的「所有乘客請上車」提醒。僅僅過了幾秒鐘，這列龐大的流線型火車就緩緩駛出車站，踏上三千七百公里的旅程。

我的思緒飛快轉動，隱隱約約領悟到某個道理。我在當下經歷了一段奇蹟般的時刻。突然間我明白了。火車司機搖出我尋尋覓覓的答案。唯有看到綠燈已亮，司機才能開動火車踏上漫長的旅程。如果易地而處，我肯定只希望一路上都是綠燈。當然，這是不可能的事。不過這就是我的人生寫照，永遠只能坐在車站月台上，哪兒也去不了，因為我太努力想要看清等在眼前的風景是什麼模樣。

我的思緒繼續流轉。那名火車司機並不擔心在幾公里外的地方會遇上麻煩，比方說班次延誤，或者被迫減速，因為，這不就是他們設立信號燈系統的原因嗎？黃燈代表減速、放鬆；紅燈代表前方有危險，必須停步。一套完善的信號燈系統，就是確保火車旅行安全無虞的關鍵。

我自問，為何我的人生沒有安裝一套完善的信號燈系統？答案是，其實上帝早就在我的腦子裡內嵌一套了，祂運籌帷幄，所以這套信號燈系統肯定有防呆裝置。於是我開始尋找綠燈。我可以在哪裡找到？這個嘛，如果上帝確實創造出綠燈，那何不直接問祂就好？所以我就這麼辦了。

現在，每天早上我都會禱告，然後得到當天的綠燈指示；我也會偶爾得到提醒我慢下來的黃燈指示，有時候甚至會得到阻止我崩潰的紅燈指示。

自從兩年前我在火車站有所領悟後，從此再也不自尋煩惱。這兩年來，我接收到超過七百道綠燈**指示，人生旅途也輕鬆寫意得多，不再擔憂下一次會看到什麼顏色的燈號。因為無論燈號是什麼顏**

色，我都知道自己該怎麼做了。

案例21：不懂得如何放鬆，幾乎等同於慢性自殺

——保羅．山普森（Paul Sampson），郵件廣告公司員工

六個月前，我總是拚盡全力在人生道路上衝刺。我永遠精神緊繃，從來就不曾放輕鬆。每天晚上我下班後總是滿臉憂愁、筋疲力盡地回到家裡。因為從來就沒有人對我說：「保羅，你這樣是在慢性自殺！何不慢下腳步，放輕鬆點？」

每天早晨，我總是很快就起床，兩三口吃完早餐、盥洗刮鬍、迅速著裝，然後就像飆車族一樣飛車去上班。我死命抓住方向盤，彷彿如果不這樣做，它就會自己咻地飛出窗外。我快手快腳地做完工作，然後一樣飛車回家，甚至連晚上睡覺也只顧搶快。

我整個人緊繃到受不了了，於是前往底特律求助一位著名的神經科專家。他告訴我要學著放輕鬆，**隨時隨地都得要求自己放輕鬆一點：在工作、開車、吃飯與上床就寢時都要提醒自己放輕鬆**。他還告訴我，正因為我不懂得如何放輕鬆，幾乎等同是在慢性自殺。

從那天起，我開始練習放輕鬆。當我上床睡覺時，不再試圖倒頭就睡，反而是刻意放鬆全身肌肉與呼吸節奏。現在，隔天一早我會輕鬆自如地醒來，這可是一大進步，因為以前我早上睜開眼時依舊感覺疲憊不堪、高度緊張。現在我吃飯、開車都會放慢步調。確切來說，開車時我會提高警覺，但我會用心駕駛，不再靠神經指揮。我最關鍵的放鬆地點當然就是職場。**每天我都會暫停手上工作好幾**

回，盤點一下自己是不是真的完全放鬆。要是電話剛好在這個時候響起，我也不再像以前一樣立即伸手抓起話筒，好似有人在背後鞭策我這麼做；每當有同事找我說話，我也放鬆身心，靜靜傾聽。

結果，我的生活變得愉快、有趣多了。我也徹底擺脫神經緊繃帶來的困擾。

案例22：下定決心為家人負責，成功走出憂鬱陰影

——約翰．伯格夫人（Mrs. John Burger），家庭主婦

憂慮一舉擊垮了我。我心神困惑、思緒紛亂，看不到生活有何樂趣可言。我的神經總是高度緊繃，以至於整夜難以成眠，但白天也無法放鬆。我的三名兒女因此被分送各地與親戚同住，剛結束軍旅生活重返家庭的先生則是轉戰另一座城市，打算在當地開辦律師事務所。那時正好是戰後恢復期，我真切體會到滿滿的不安全感和不確定性。

我的身心狀態不僅威脅先生的事業、澆熄兒女想過幸福家庭生活的渴望，也正一步步摧毀自己的人生。我先生找不到地方可住，只好自己動手蓋。每一件事成立的前提都取決於我的身體必須日漸康復，但我越是努力嘗試，就越害怕最終只會搞砸一切。因此後來我漸漸變得害怕為任何事情做計畫。我感覺到，自己已經不值得信任了，根本就成為徹頭徹尾的大輸家。

當時一切看似山窮水盡、毫無希望，但家母為我做了一件事，我此生銘記在心、永存感激。她對我當頭棒喝，要我勇敢挺身回擊；她訓斥我輕易放棄，而且不懂得管好自己的神經和心智；**她刺激我下床為自己擁有的一切奮戰；她批評我總是對現實低頭，遇事就當縮頭烏龜，不願直球對決，也不願**

珍惜人生，只是得過且過。

從那天起，我就照她的話挺身奮戰。就在那個週末，我請雙親打道回府，因為我決定要全權接手，也成功達成當時看似不可能的任務。我一肩扛起照料年幼兒女的責任，夜晚睡得香甜，也開始正常用餐，精神因此逐步好轉。一週後，雙親再度登門造訪，發現我一邊燙衣服，一邊在哼歌。我感覺自己精神奕奕，因為我已經開始認真打這場仗，並且一路領先。我永遠也不會忘記這次學到的教訓……就算情況看起來像是一道不可超越的天險，還是必須要與它直球對決！必須挺身而戰！絕不輕言放棄！

從那之後，我強迫自己工作，並且沉浸在工作中。我們一家人終於團聚了，我帶著孩子搬進了丈夫的新家。我下決心要為這個溫暖的家庭成為一個堅強快樂的母親。我忙著做家庭計畫，為丈夫和孩子精打細算，唯獨忘了考慮自己。我忙得沒有時間再關注自己，而真正的奇蹟就這樣發生了。

我越來越強壯健康，每天早上起床都帶著幸福安適的喜悅，也帶著規畫好眼前全新一天的喜悅。雖然從那段時期至今，三不五時仍有憂鬱的烏雲掠過心頭，特別是在身心俱疲的關頭，**但我總是會告訴自己，不必胡思亂想或是試圖推論自己又怎麼了。慢慢地它們就會漸漸淡去，陰霾終將一掃而空。**

時隔一年，現在我有一位快樂滿足、事業成功的先生；有一座美麗的屋舍，讓我就算忙碌十六個小時也甘願；還有三名健康又快樂的兒女。最重要的是，我找回心靈的平靜！

案例23：富蘭克林戰勝焦慮的決策術

——班傑明・富蘭克林（Benjamin Franklin），美國開國元勛

這是一封班傑明・富蘭克林寫給英國博學家約瑟夫・普里斯特利（Joseph Priestley）的信函。後者曾受邀擔任英國首相厄爾・謝爾本伯爵（Earl of Shelburne）的圖書館館長，最初是他寫信請富蘭克林提供建言，於是富蘭克林回信陳述自己不受憂慮所苦、解決困難的心法。

親愛的閣下：

關於您希望在下提供建言的重要問題，請恕我無法建議應當選擇哪一項，但是我可以分享自己做決定的心法。每當我們遇到難題，主要的難處往往是出於決策當下無法兼顧正、反兩面。有時候我們會覺得其中一面好過另一面，但過了一陣子可能就忘了原因，反而覺得另一面似乎比較有道理。正是因為各種目的或偏好交替浮現，說穿了，讓我們如此困擾的禍首其實是不確定感。

我解決這道難題的做法是，拿起筆在紙上從中間劃下一條線，隔出兩大區塊。一邊寫下正方、另一邊寫下反方。然後未來三、四天的思考時間裡，每當我想到支持任何一方的原因，就會立刻記在紙上。

當我認為所有的相關因素都羅列上去後，就會開始評估兩邊的權重。**如果我在正、反兩方發現分量差不多的因素，就會把兩項都剔除；假使正方有一項因素抵得過反方兩項因素，那我就會把三項都剔除；如果我判斷正方有兩項因素和反方的三項因素看起來勢均力敵，就乾脆把五項都剔除。**依此類推，直到我總算可以找到最後一項結論。

之後我會再多留一、兩天時間做最後考慮，要是發現無須加入任何其他因素，就會下定決心依照最後結論做出決定。雖說這種權衡各種理由的做法也稱不上十分精確，不過正是因為已經事先做過個別性、相互性的考量，因此有助我看清全貌，據此做出更正確的判斷，也較能避免魯莽行事。事實上，我發現這套所謂「道德代數」（moral algebra）或「審慎代數」（prudential algebra）的評估方法對在下裨益良多。

誠摯盼望閣下能夠做出最明智的決定。我永遠是您忠實的好友。

班傑明．富蘭克林

一七七二年九月十九日，倫敦

案例24：洛克菲勒放下執念，發現樂活之道

——約翰．D．洛克菲勒，標準石油公司（Standard Oil Company）創辦人

五十三歲那年，洛克菲勒染上某種病因不明消化性疾病，不只頭髮掉光，就連睫毛也一根不剩，唯獨留下稀疏的眉毛。儘管每週收入高達一百萬美元，他每週的飲食費卻可能只有兩美元，因為醫師囑咐他只能喝酸奶、吃餅乾。他的皮膚黯淡無光，瘦得只剩皮包骨。

他究竟是如何來到這個境地？答案是憂慮、打擊、高壓與緊繃的生活模式。他幾乎可以說是「鞭

策」自己一腳踏入棺材裡。早在二十三歲時，他就已是懷抱鋼鐵般的決心、一心想要達成目標的年輕小夥子。根據身邊了解他的人說：「除非他做成一筆好買賣，否則對任何事情都無動於衷。」

儘管他坐擁百萬美元可以任意花用，每晚上床就寢時卻總是擔心財產會在旦夕之間人間蒸發，難怪憂慮會搞砸他的身體健康。他根本不願花時間玩樂、度假，也從來不上戲院、打牌或參加派對。正如美國參議員馬克・漢納（Mark Hanna）所說，此人視錢如命，「萬事理智，遇錢失智。」員工與同事在他面前都表現得誠惶誠恐，諷刺的是，他也同樣害怕他們泄漏公司機密。

當他的事業一路攀上巔峰，黃金源源不絕地流進他的保險箱時，他的私人世界卻在此時崩壞。各種專書、新聞紛紛譴責標準石油公司發動強盜般的冷血戰爭，與鐵路公司私相授受，無情地摧毀所有的競爭對手。

在賓州的油田裡，洛克菲勒是全世界最讓人憎恨的黑心商人，工人把他的肖像掛起來唾罵，充滿火藥味的信件紛紛湧進辦公室，怒吼著要毀掉他的人生。他僱了幾名保鏢以防仇敵暗殺，試圖無視鋪天蓋地的仇恨，甚至一度表示：「你可以打擊我、辱罵我，但我照樣走我自己的路。」不過，他終究只是血肉之軀，擔不起這麼多的怨恨與煩憂。他的身體健康開始發出警訊。疾病這個全新的敵人由內而外發動全面攻擊，讓他百思不解、不知所措。

一開始，「他祕而不宣偶然發作的不適症狀」，試圖將身體大大小小的病痛置之度外。不過，失眠、消化不良和禿髮這些由憂慮與崩潰引發的生理症狀卻無從掩飾。最終，醫師只好告訴他驚人事實。他有兩個選擇：**死守財富與糾纏不休的憂慮，或是死守自己的人生**。他們警告他：若是不退休，就是等著戰死商場。他只好退休。不過，在退休之前，憂慮、貪婪和恐懼已經搶先一步搞砸他的身體健康。

醫師團隊努力挽救洛克菲勒奄奄一息的生命，定下了三條規矩：

一、避免憂慮。無論置身何種情境，絕對不要煩惱任何事。

二、放鬆身心。走出戶外，從事大量的溫和運動。

三、注意飲食。永遠不要吃太好、吃太飽。在還有一絲飢餓感的時候就放下餐具。

洛克菲勒從此不曾違背醫師的吩咐，這些法則可能真的救了他一命。他退休後開始學著打高爾夫球、捲起袖子從事園藝；他開始和鄰居閒話家常，也學會打牌、唱歌。

不過，他還做了另一件事。「在飽受病痛折磨的白天和無數輾轉難眠的夜晚，」洛克菲勒的傳記作者約翰．溫克勒（John K. Winkler）寫道，「他開始回想起其他人。有生以來，他第一次不再滿腦子只盤算怎麼多賺錢，而是開始思考，可以拿這麼多錢為多少人帶來幸福。」

他開始捐錢給教堂，儘管遭到怒斥是「髒錢」，依然堅持捐獻。他聽說密西根湖畔有一所規模很小的學院因還不出借款即將關門大吉，立即出資幾百萬美元解救，一步步協助該學院成為如今享譽全球的芝加哥大學。他也提供幾百萬美元打擊十二指腸病，消滅重挫美國南方的最嚴重天災。之後，他更創辦洛克菲勒基金會（Rockefeller Foundation）這家龐大的跨國基金會，在全球各地對抗疾病與知識匱乏。

那洛克菲勒自己有何收穫？當他不斷在世界各地捐錢助人，是否找到內心平靜？答案是，他確實感到心滿意足。洛克菲勒變得快樂。他已經脫胎換骨，再也不杞人憂天。事實上，當他遭逢整個職業生涯中最嚴重的一記打擊時，也不再因此夜不成眠！

他一手打造的標準石油帝國被法院勒令償付「史上最重罰金」。美國政府裁定，標準石油是一家壟斷性企業，違反反托拉斯法（Antitrust Act）。雙方纏鬥五年之久，全國頂尖律師紛紛投入這場史上最漫長的訴訟，但最終標準石油還是輸了這場官司。

當晚，辯護律師團隊中的其中一人打電話給年事已高的洛克菲勒，盡可能措辭溫和地告知法院決定，接著他又語帶關懷地說：「洛克菲勒先生，我衷心期望這個裁決結果不會影響您的心情。我希望您可以一夜好眠！」洛克菲勒怎麼說？他隨即朗聲回答：「強森先生，別擔心。我打算睡個香甜。也請別讓它影響閣下的心情。晚安！」

難以想像，此人竟是當年死守錢財的那位焦慮大師！洛克菲勒幾乎是花了一輩子才克服憂慮，原本五十三歲時就已經「一腳踩進棺材裡」，但最終他在高齡九十八歲壽終正寢！

案例25：十八天無法進食的憂鬱者如何轉念

——凱薩琳・霍肯・法默（Kathryne Holcombe Farmer），警長辦公室職員

三個月前，我實在太憂愁了，連續四天四夜無法入眠、十八天無法吃一口固體食物，即使只是聞到食物的味道都會想吐。我難以言明自己當時深陷什麼樣的精神痛苦中，只覺得走一遭地獄可能都不會比我承受的折磨更痛苦。我感覺到自己似乎隨時會發瘋或暴斃，也知道過著這種日子，我絕對撐不了多久。

我的人生轉捩點始於收到《卡內基快樂學》這本預購書的那一天。近三個月來，我實際上是依靠

這本書活下來，認真地研讀每一頁，並絕望地試圖從中找出全新的生活方式。這本書大幅改善我的精神狀況和心理穩定性，效果好到幾乎讓人難以置信。現在我可以好好過完每一天，我也明白，在過去那段日子裡，把我逼到瀕臨崩潰的問題其實與眼前的困難無關，卻和往日的痛苦與焦慮，或是未知明日的恐懼息息相關。

如今，**每當我發現自己開始為某事發愁，就會立刻喊停，並且應用我從書中學到的基本準則**；要是我隱隱約約感覺到，自己正為了急著完成某件事開始神經緊張，就會驅策自己動起來，立刻動手解決掉它，然後從此將憂慮掃出心門。

現在，當我面臨以前曾經使我瀕臨崩潰的類似問題時，會心平氣和地開始應用本書第二章詳述的三大步驟。首先，我自問可能會發生的最壞結果是什麼；其次，我試圖敞開心胸接受它；最後，我專注於眼前的問題，有必要的話，看看我還能做些什麼事改善我已經主動接受的最壞狀況。

當我發現自己正在憂愁某個自己既無能為力改變、也不願接受的事實時，就會制止自己，並重複這段禱告詞：

> 願上帝賜我平靜，接受我無法改變的事
> 願上帝賜我勇氣，改變我能改變的事
> 願上帝賜我智慧，明辨兩者的差異

自從我讀了這本書，便真正踏上一段全新、光明的人生道路。我不再任由焦慮摧毀我的身心健康與幸福；現在我每晚都可睡足九個小時，得以享受美食，那層鬼遮眼似的薄紗也已經消失。一扇大門在我眼前敞開，現在我可以清楚看到並真切享受周遭的美麗事物。我感謝上帝賜予我如今的生活，並賜予我生活在這個美好世界的特權。

且容我建議，你也可以好好讀完這本書，不妨把它放在床頭櫃，**每每讀到可以用來解決自身問題的部分就拿起筆劃重點。請研讀它、應用它**。因為這本書不僅是普通的「讀物」而已，更是一本用心寫就的「指南」，引領你邁向全新的美好生活！

野人家 233

卡內基快樂學

刪除內耗、憂慮與失眠，打造「快樂自我」的解答之書！

作　　者　戴爾・卡內基 Dale Carnegie
譯　　者　周玉文

野人文化股份有限公司
社　　長　張瑩瑩
總 編 輯　蔡麗真
副總編輯　陳瑾璇
責任編輯　李怡庭
專業校對　林昌榮
行銷經理　林麗紅
行銷企畫　李映柔
封面設計　萬勝安
美術設計　洪素貞

出　　版　野人文化股份有限公司
發　　行　遠足文化事業股份有限公司（讀書共和國出版集團）
地址：231 新北市新店區民權路 108-2 號 9 樓
電話：（02）2218-1417　傳真：（02）8667-1065
電子信箱：service@bookrep.com.tw
網址：www.bookrep.com.tw
郵撥帳號：19504465 遠足文化事業股份有限公司
客服專線：0800-221-029
法律顧問　華洋法律事務所　蘇文生律師
印　　製　博客斯彩藝股份有限公司
初版首刷　2024 年 08 月

國家圖書館出版品預行編目（CIP）資料

卡內基快樂學 : 刪除內耗、憂慮與失眠 , 打造「快樂自我」的解答之書 !/ 戴爾 . 卡內基 (Dale Carnegie) 著 ; 周玉文譯 . -- 新北市 : 野人文化股份有限公司出版 : 遠足文化事業股份有限公司發行 , 2024.08
面；　公分 . -- (野人家 ; 233)
譯自 : How to Stop Worrying and Start Living
ISBN 978-626-7428-85-6(平裝)
ISBN 978-626-7428-81-8(EPUB)
ISBN 978-626-7428-82-5(PDF)

1.CST: 憂慮 2.CST: 情緒管理 3.CST: 生活指導

176.527　　113010345

野人文化
官方網頁

野人文化
讀者回函

卡內基快樂學

線上讀者回函專用 QR CODE，你的寶貴意見，將是我們進步的最大動力。